메세나
코리아
29선

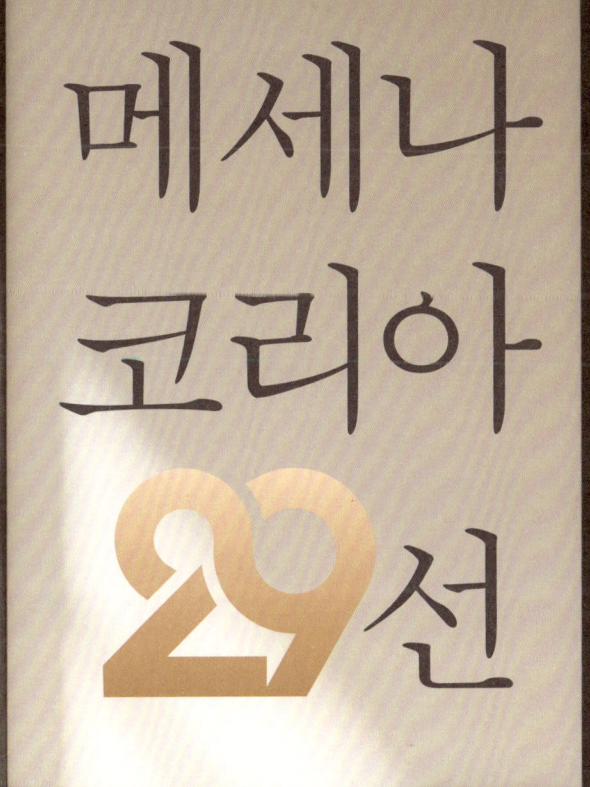

메세나 코리아 29선

기업과 문화 예술 상생의 기록

김영재 임광기 지음

우리 기업의 문화·예술 지원 사업을 만나 보세요

파이낸셜투데이 문화부는 2023년부터 3년에 걸쳐, 기업의 문화·예술 후원 활동을 집중 조명하는 기획 시리즈 '마이케나스'를 연재해 왔습니다. '메세나 코리아 29선'은 그 기록을 집약해 하나의 책으로 엮은 결과물이자, 한국 메세나의 지형을 정리한 집합적 아카이브입니다.

'마이케나스'는 고대 로마에서 예술가를 후원한 귀족 정치인의 이름에서 비롯됐습니다. 그 이름이 훗날 문화·예술의 후원자를 뜻하는 일반 명사로 쓰이게 된 것처럼, 우리는 이 책에 담긴 기업을 오늘날의 '현대적 마이케나스'로 조명하고자 했습니다.

총 29개 그룹·기업·재단의 메세나가 수록됐습니다. 각 장에서는 전시 및 공연, 창작자 지원 등 기업이 기획하거나 후원한 문화·예술 사례를 사진과 함께 입체적으로 소개합니다. 기사 기반의 집필과 기업 측의 공식 자료 협조, 내용 확인을 거쳐, 사실성과 맥락을 충실히 반영하고자 했습니다.

활동의 방식은 저마다 달랐습니다. 국내외 주요 미술관과 협업해 전시를 열거나, 신진 예술인을 위한 무대를 마련하거나, 전통 예술과 비주류 장르에 꾸준히 힘을 실어 온 기업도 있었습니다. 어느 하나의 형식으로는 포괄할 수 없는 다양성과 개성이 바로 이 책의 가장 큰 장점이자, 한국형 메세나의 현재를 보여 주는 풍경입니다.

'메세나 코리아 29선'은 단순한 기업 홍보를 넘어, 예술 생태계에서 기업의 역할을 다시 정의하고, 문화·예술을 통한 지속 가능한 경영의 사례를 공유하며, 한국형 메세나의 궤적을 하나의 연대기로 남기려는 시도입니다. 수록된 기업은 모두가 의미 있는 실천을 이어 온 주체지만, 29라는 숫자는 아직 다 채워지지 않은 여백이기도 합니다. 이 책은 한국 기업의 문화·예술 후원이 완결된 서사가 아니라, 계속해서 쓰여야 할 현재형 기록임을 상기시킵니다.

다음 연대기의 주인공은 아직 등장하지 않았습니다. 예술의 시간을 함께 축적해 온 기업과, 그 시간을 곁에서 지켜봐 준 모든 독자께 깊은 감사의 마음을 전합니다.

김영재

SAMSUNG

대한민국 문화·예술
지원 선도

삼성문화재단

삼성문화재단은 문화·예술을 후원하는 기업 재단, 그 이상의 존재다. 조용히, 그러나 단단하게 한국 문화·예술의 지형을 바꿔 왔다.

2025년 창립 60주년을 맞은 이 조직은 단순히 전시를 선보이는 데 그치지 않고, 예술이 삶에 깊이를 더하고 사회의 품격도 높일 수 있음을 묵묵히 입증해 왔다.

삼성문화재단은 리움미술관과 호암미술관을 운영하며, 시대와 지역, 장르를 넘나드는 복합적 예술 생태계를 조성했다. 작가를 지원하고 공연을 열며, 예술이 세상과 만나는 방식을 끊임없이 고민해 왔다.

60년이라는 시간 앞에서 우리는 다시 묻는다. 예술은 무엇을 바꾸는가. 한 기업의 후원은 어디까지 예술을 밀어 올릴 수 있는가.

호암 기증으로
시작된 公器

호암미술관 전경

산 중턱, 호수를 끼고 앉은 미술관은 조용히 시간을 품는다. 호암미술관은 1982년 4월 22일 문을 연 사립 미술관이다. 단순한 전시 공간을 넘어 공기(公器)로 기획됐다.

"문화재를 모으는 데 정성을 기울인 것은 민족 문화유산을 지키고, 민족 자긍심을 높이는 데 기여하고자 했기 때문입니다."

실제 호암 이병철 삼성그룹 창업회장은 자신이 모은 1,167점의 문화재를 1978년 삼성문화재단에 기증하며, 공유와 보존이라는 가치를 실천에 옮겼다. 문화는 나눠야 한다는 신념 그리고 '감상과 연구의 장'인 미술관의 기능을 분명히 한 셈이다.

호암미술관의 정체성은 교육에 방점이 찍힌다. 어린이부터 어른까지, 학생부터 전문가에 이르기까지 누구나 이곳에서 한국 전통 미술의 세계를 경험하고, 그 안에서 창조적 영감을 발견하길 바라는 마음이 기저에 깔려 있다.

창업자의 말대로, 이곳은 '민족 문화의 산 교육장'으로 기능하고 있다. 삼성문화재단은 1년 반에 걸친 개보수 끝에 2023년 미술관을 다시 열면서, '하나의 미술관, 두 개의 공간'이라는 콘셉트로 리움미술관과의 연계성을 강화하고, 더욱이 고미술과 현대 미술을 나란히 선보이고 있다. 전통과 동시대가 공존하는 방식으로, 하나의 흐름 안에서 과거와 현재가 만나는 것이다.

거인은 마지막으로 이곳을 지나갔다

서울 용산구 한남동에 자리 잡은 리움미술관은 비단 한국 미술품을 전시하는 것을 넘어, 아시아와 세계 미술이 서로 소통하는 열린 공간을 지향한다. 이건희 삼성그룹 선대회장이 생전에 각별한 애정을 쏟았던 곳으로, 그의 마지막 운구 행렬이 잠시 멈췄던 장소기도 하다.

"비록 문화유산을 모으고 보존하는 데 막대한 비용과 시간이 들지라도, 이는 인류 문화의 미래를 위한 우리 모두의 시대적 의무입니다."

이건희 선대회장은 2004년 리움미술관 개관식에서 이렇게 말하며, 예술이 지닌 사회적 책임과 공공적 가치를 강조했다. 이 신념에 따라 미술관은 공공성, 예술성을 고루 갖춘 여러 수준 높은 전시를 통해 한국을 대표하는 미술관으로 성장해 왔다. 그중 소장품전은 크게 두 축으로 구성된다. 고미술 상설관인 M1에는 한국 전통 미술의 폭 넓고 깊이 있는 세계가 펼쳐진다. 4층부터 1층까지 층마다 다르게 주제를 잡고 120여 점의 엄선된 작품이 관람객을 맞이한다.

한편 M2에서는 삼성문화재단 창립 60주년을 기념해 2월부터 '현대미술소장품'전(2025–)이 진행 중이다. 한국 근현대 미술뿐 아니라 아시아와 서구 현대 미술까지 아우르는 이 전시는 문화·예술 발전을 향한 재단의 오랜 열정과 신념의 결실이다. 오귀스트 로댕의 '칼레의 시민'(1995), 알베르토 자코메티의 '거대한 여인 Ⅲ'(1960), 얀 보의 '우리 국민은(부분)'(2011–2013)은 리움미술관의 역사와 정체성을 웅변한다.

삼성문화재단은 해외 한국 문화재의 보존에도 힘을 기울인다. 최근 국외소재문화재재단과 협력해 미국 피보디에식스박물관이 소장한 '평안감사도과급제자환영도'(19세기)의 보존 처리를 성공적으로 완료했다. 이 같은 해외 소재 문화유산 지원은 국내 사립 미술관 최초로 이뤄진 것으로, 리움미술관의 문화적 사명감을 한층 선명히 보여 주는 사례다.

열두 번째로 주조된 작가 오귀스트 로댕의 '칼레의 시민'(1995). 2016년, 플라토(구 로댕갤러리) 폐관 뒤 9년 만에 대중 곁으로 돌아왔다.

15평의
파리
창작은
거기서

파리 중심부, 마레 지구의 한편. 고딕 양식의 노트르담대성당과 센강이 내려다보이는 그곳에, 전 세계 예술가가 한시적으로 삶을 옮겨 온다. 1965년 설립된 시테레지던시는 미술을 중심으로 음악, 무용, 건축, 문학 등 다양한 장르의 예술가가 함께 모이고 생활하는 공간. 매년 약 1,000명이 이곳에 머무르며 각자의 언어로 예술을 써 내려간다.

삼성문화재단은 1996년부터 시테레지던시에 50㎡(약 15평) 규모의 작업실을 장기 임대, 한국 작가의 파리 진출을 지원하고 있다. 한불 문화 교류의 일환이자, 역량 있는 창작자에게 세계 예술 중심지에서의 거주 및 작업 기회를 제공하겠다는 취지다. 지금까지 25여 명의 작가가 이곳에 입주했다. 조용신, 윤애영, 금중기, 한성필, 로와정, 전소정, 오민, 김아영, 염지혜, 강민숙, 박지희 등이 그들이다.

삼성문화재단은 103명의 지원자 중 장효주 작가와 이은새 작가를 2025~2026년 입주자로 선정했다. 장효주 작가는 4월부터 10월 초까지, 이은새 작가는 10월 중순부터 2026년 3월까지 현지에 머물며 활동을 이어 갈 예정이다. 삼성문화재단은 입주 작가에게 항공료, 체재비, 활동 지원비 등을 지원하며, 작업실 사용료도 전액 면제된다.

또한 2025년 상반기에는 작업실 일부를 개보수해 보다 쾌적한 창작 환경을 마련할 계획이다. 삼성문화재단 관계자는 "재단은 입주 작가를 선정하는 과정에서 시테의 프로그램과 환경이 작가의 향후 활동에 어떻게 기여할 수 있을지, 국제적 성장을 도모하고 대외 교류 확장의 가능성이 있는지 등을 면밀히 고민하고 있다"고 설명했다.

장효주 작가
/ 사진=바스티안 자텔베이거

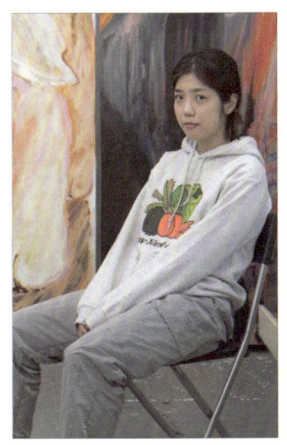

이은새 작가 / 사진=홍철기

시테레지던시 전경 / 사진=한성필

2025년 4월부터 호암미술관은 겸재 정선의 대규모 기획전을 통해 진경산수화는 물론, 인물화와 화조영모화 등 겸재의 예술적 자취를 다각도로 조명했다. 겸재전은 종전에도 있었지만, 이처럼 체계적이고 입체적으로 구성된 사례는 처음이라는 것이 미술관 측의 설명이다.

리움미술관 로비 전경

호암미술관 수변 공간에 자리 잡은 작가 루이즈 부르주아의 '엄마'(1999). 원래는 리움미술관 데크에 있던 엄마거미를 2021년 이곳에 새로 설치했다. 아름다운 경관과 작품 특유의 그로테스크한 아우라가 어우러져 더욱 신비한 분위기를 자아낸다.

소리는 어떻게 길이 되는가

연주자에게 악기는 몸의 일부이자 마음의 울림이다. 하지만 예술적 역량이 뛰어나도 세계적 명기를 손에 넣는 건 대부분 꿈으로 남는다. 희소성과 천문학적 가격 때문이다. 삼성문화재단은 1997년부터 삼성뮤직펠로우십을 통해 이 벽을 허물기 시작했다.

16세기 후반부터 18세기 사이 이탈리아 크레모나, 밀라노 등지에서 제작된 현악기 7대를 보유하고, 유망한 한국계 연주자에게 이를 무상으로 대여해 온 것이다. 펠로우는 국내외 활동과 수상 실적, 전문가 추천 등을 토대로 예술성과 성장 가능성을 종합 평가해 선정되며, 악기 보험료와 관리비는 전액 삼성문화재단이 부담한다. 대여 기간은 최대 5년이다. 첫 수혜자인 오주영(현 카타르필하모닉오케스트라 악장), 캐서린 심(현 메트로폴리탄오페라오케스트라 단원)을 시작으로, 클라라 주미 강, 김지연, 백나영, 문태국, 제임스 정환 김 등 20여 명의 연주자가 이 후원을 받았다.

2024년 개관한 사운즈S는 음악을 기반으로 한 복합 문화 공간이다. 리움미술관에서 도보로 약 10분 거리에 위치한 이 공간은 음악의 본질을 찾아가는 진지한(Sincere) 커뮤니티를 지향한다. 예술가의 다양한(Spectrum) 이야기가 공존하고, 세계를 놀라게 하는 뛰어난(Superior) 한국 예술가가 도전과 성장을 이어 가도록 지원하는(Support) 의미도 담고 있다.

숨소리까지 공유된다. 그리고 그 소리는 결국 기억이 된다. 50석 규모의 소규모 공연장인 사운즈S에는 관객과 연주자 사이에 벽이 없다. 예술가와 대중이 더 가까이 호흡할 수 있도록 설계된 이 무대는 예술 후원이 '지원'을 넘어 하나의 '플랫폼'이 되는 방식을 보여 준다.

한재민 첼로 리사이틀이 2023년 8월 리움미술관 지하 2층 강당에서 열렸다. 사진 속 첼로가 삼성뮤직펠로우십을 통해 대여한 1697년산 조반니 그란치노.

예술의
현장을
정밀하게
더 깊게

삼성문화재단의 후원은 공연장 조명 아래에만 머물지 않는다. 무대 뒤, 그 누구보다 정교한 손길로 소리를 조율하고 예술을 떠받치는 이들을 위한 지원도 꾸준히 이어지고 있다.

삼성피아노톤마이스터프로그램이 그 중심에 있다. 2017년 시작돼 2025년 9년째를 맞은 이 프로그램은 유능한 피아노 조율사가 세계 최고 수준의 기술 역시 체득하도록 다채로운 기회를 제공해 왔다. 스타인웨이, 야마하, 자일러, 뵈젠도르퍼, 가와이 등 세계적 피아노 제작사로 연수생 34명(2024년 기준)을 파견했고, 기술 세미나 개최와 심화 교육 과정도 운영 중이다.

2024년에는 일본 시즈오카에 위치한 야마하 본사에서 4주간 해외 기술 연수를 진행했다. 울리히 게르하르츠 스타인웨이 영국 지사장을 초청한 국내 기술 세미나 및 이시이 조율시 교류의 장인 제5회 아시아피아노조율사협회총회도 동시 개최했다.

2024년 8월, 울리히 게르하르츠 스타인웨이 영국 지사장이 세종문화회관에서 열린 삼성문화재단 국내 피아노 조율사 심화 교육 과정에서 조율 과정을 시연했다.

2017년 리움미술관 관장직을 내려놓았던 홍라희 전 관장이 8년 만에 명예관장으로 복귀한 것도 미술계에서 의미 있게 받아들여지고 있다. 삼성문화재단은 호암미술관 '겸재 정선'전(2025) 개막식에서 홍라희 전 관장을 리움미술관 명예관장으로 공식 추대했다. 삼성문화재단 관계자는 "명예관장은 미술관의 운영 전반을 조언하고, 앞으로 미술관이 지향해야 할 정체성과 방향성에 대해 자문을 맡게 된다"며 "국내외 문화·예술계와의 교류 증진은 물론, 공익사업의 큰 그림을 그리는 데 기여할 것"이라고 밝혔다. 사진은 2004년 10월, 이건희(왼쪽 세 번째) 삼성전자 회장과 배우자 홍라희(왼쪽 두 번째) 리움미술관장이 개관식에 참석해 버튼을 누르는 모습.

삼성문화재단이 지향하는 미래는 기존의 전시 중심의 미술관 운영을 넘어선다. 시대를 읽고, 예술의 내일을 그리는 플랫폼이 되는 것. '시대와 함께하는 미술관'이라는 비전 아래, 삼성문화재단은 예술이 사회와 사람 사이에 놓이는 방식을 깊이 고찰하고 있다. 이러한 노력은 수치(數値)로도 입증된다.

실제로 삼성문화재단은 2023년 한국메세나협회가 실시한 기업 문화·예술 지원 현황 조사에서, 기업 출연 문화 재단 가운데 가장 큰 규모의 지원을 한 것으로 나타났다. 본 조사에서 2010년 이래 문화·예술 지원 1위를 단 한 번도 놓친 적 없다.

또 삼성문화재단은 메세나대상의 전신인 제1회 문화예술지원기업대상(1999)에서 미술관 운영의 공로를 인정받아 대상을 수상하기도 했다.

이건희 선대회장의 기증도 문화 지원의 근간이 됐다. 2020년, 유족들은 이건희 선대회장이 남긴 약 2만 3,000점의 작품을 국립현대미술관과 국립중앙박물관에 기증했다. '이건희 컬렉션'은 국민의 문화 향유권 확대는 물론, 국내 미술관의 위상을 한층 높이는 데 기여했다는 평가를 받는다. 문화체육관광부는 오는 2028년까지 서울 종로구 송현동 부지에 기증품을 전시·보존할 가칭 송현동 국립문화시설 건립을 추진 중이다.

금호문화재단

문화가 살아야
일류 국가

금호문화재단

과거 광화문 금호빌딩 시절 금호문화재단은 3층에 금호아트홀(305석)을 개관, 주 3회 이상의 기획 연주회를 개최했다.

하지만 한 좌석만은 늘 자리가 비어 있었다. 일부러 객석을 판매하지 않은 것이다.

번호는 G열 7번. 명패에 소개된 주인은 다음과 같았다. '이곳은 음악과 예술을 사랑했던 박성용 금호문화재단 이사장께서 늘 앉으시던 자리입니다.'

클래식 음악의 대중화 및 문화·예술인 후원에 헌신한 박성용 금호그룹 명예회장은 이사장 시절 피아니스트의 손동작이 잘 보인다는 이유로 생전 이곳을 지정석 삼아 표도 꼭 본인 돈으로 구매했다고 전해 온다.

영재의 꿈은
무대에서 시작된다

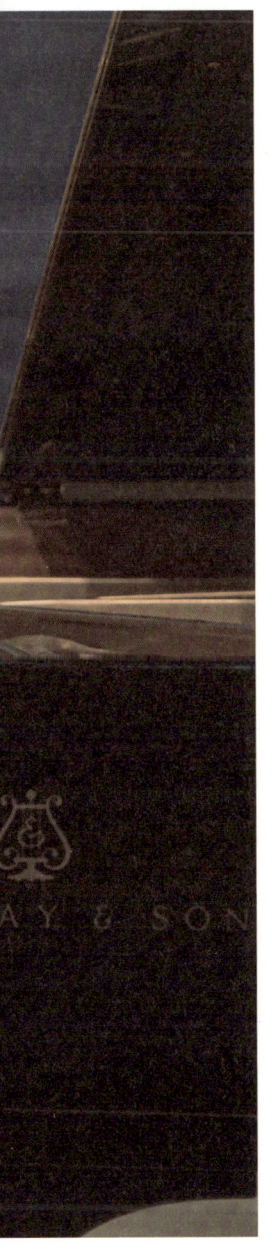

2025년, 금호문화재단은 박성용 명예회장 20주기를 맞아 추모 음악회를 열고, 한국 클래식 음악계 발전에 헌신한 고인의 뜻을 기렸다. 무대에 오른 금호영재 1세대 출신 피아니스트 손열음은 1998년 금호영재콘서트와 2005년 금호아트홀 리사이틀에서 연주했던 곡들로 1부를 꾸미고, 2부에서는 슈만의 '크라이슬레리아나'를 선보였다.

오늘날 금호그룹을 일군 창업주 박인천 회장의 맏아들인 박성용 명예회장은 의재 허백련, 송정 임방울 선생과 교류하던 부친을 닮아 예술 애호가였고, 클래식 광이었다. 유학 중 늘 음악을 들을 만큼 클래식에 열성이었고, 1996년 경영 일선에서 물러난 뒤에노 일주일에 몇 차례는 꼭 연주회장을 찾곤 했다.

금호문화재단은 '문화가 살아야 일류 국가가 된다'는 기치와 기업 이익의 환원이라는 목적 아래 1977년 설립됐다. 선대회장에게 재단을 이어받은 박성용 명예회장은 국내외적으로 여러 활동을 벌이며, 무엇보다 클래식의 발전에 지원과 투자를 아끼지 않았다. 2000년, 새문안로에 사옥을 준공하면서 클래식 전용홀인 금호아트홀을 함께 지었고, 음악 영재 발굴에도 힘써 왔다.

한국 클래식계의 미래가 차세대 영재 육성에 있다고 믿은 박성용 명예회장은 1998년 국내 최초로 만 14세 미만 영재에게 독주 무대를 제공하는 금호영재콘서트를 출범한다. 그다음 해인 1999년부터는 만 15세에서 25세 사이의 음악가가 대상인 금호영아티스트콘서트가, 사후 2008년에는 젊은 실내악 단체를 발굴하고 길러내는 금호영체임버콘서트가 소개됐다. 발굴한 인원만 2,000여 명. 지난 27년간 금호콘서트시리즈는 음악 영재의 요람으로 자리 잡았다.

피아니스트—김선욱·김수연·김태형·박종해·선우예권·손열음·임윤찬·조성진, 바이올리니스트—권혁주·김동현·김봄소리·박혜윤·신지아·양인모·이유라·이지윤·이지혜·임지영·조진주·최예은, 첼리스트—고봉인·문태국·최하영, 플루티스트 조성현, 오보이스트 함경, 클라리네티스트 김한 등이 모두 금호콘서트시리즈로 발굴된 음악가들. 세계 콩쿠르를 휩쓴 한국 수상자 대부분이 금호영재콘서트서 데뷔했다는 사실은 금호그룹이 국내 클래식의 황금기를 열었다는 평에 이어진다. 2024년, 금호아트홀 상주음악가로 선정된 김준형 역시 2012년 금호영재콘서트로 데뷔한 피아니스트다. 1997년생 청년 음악가인 그는 2021년 서울국제음악콩쿠르서 우승을, 2022년 ARD국제음악콩쿠르서 피아노 부문 준우승을 차지했다.

常住라는 말 상생이라는 뜻

애초 상주예술가는 전 세계 유수 미술관에서 시작된 제도다. 공연장 중에는 2013년 피아니스트 김다솔을 상주음악가로 선정하면서 금호아트홀이 국내에 처음 들여왔다.

음악가에게 중요한 것은 본인만의 음악 세계를 구축하는 것과 그를 지지할 든든한 지지 기반인데, 젊은 연주자의 성장에 이 제도가 발판이 될 수 있다는 설명이 뒤따랐다. 직접 공연 프로그램을 기획해 예술가로서의 존재감과 자기만의 철학을 드러낼 수 있다는 것도 특징이다.

연구 기회와 교류 환경도 제공된다. 아레테콰르텟은 피아니스트 김준형과의 피아노 오중주 무대를 선보이며, 바이올리니스트 김동현은 피아니스트 김다솔·첼리스트 문태국과의 삼중주를, 클라리네티스트 김한은 재즈 앙상블과의 협업 무대를 선보였다.

상주음악가를 선정하는 기준은 다른 영재콘서트시리즈와 크게 다르지 않다. 둘 모두 이미 기교가 완성된 연주자보다 될성부른 나무를 찾는 것이 원칙이다. 금호문화재단 측은 장래가 촉망되고 잠재력을 갖춘 30세 이하의 연주자를 조건으로 내걸고 있다.

금호아트홀 연세 공연장 내부

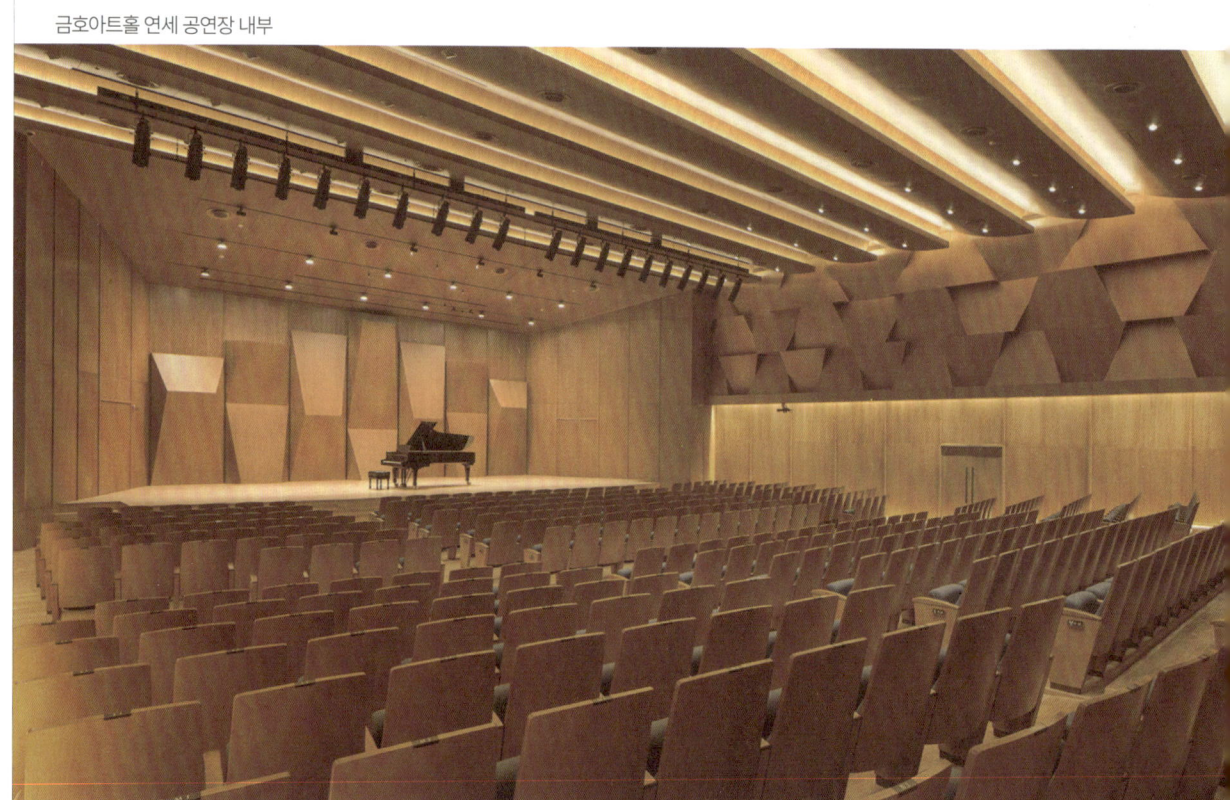

김다솔(2013)·박혜윤(2014)·조진주(2015)·선우예권(2016)·문태국(2017)·양인모(2018)·박종해(2019)·이지윤(2020)·김한(2021)·김동현(2022)·김수연(2023)·김준형(2024)·아레테콰르텟(2025)이 금호아트홀 상주음악가로 선정돼 기획력과 대중성을 양득했고, 대다수는 금호영재콘서트가 이들의 첫 무대였다. 초대 상주음악가인 김다솔과 12번째인 김준형조차 금호라이징스타로 과거 금호문화재단과 연을 맺은 바 있다.

2010년 1월, 바이올리니스트 양인모가 금호아트홀에서 열린 상주음악가 기자간담회에서 연주를 선보이는 모습. 2008년 금호영재콘서트로 데뷔한 양인모는 10년 만에 상주음악가로 돌아와 파가니니 '24개 카프리스' 전곡 연주 등 총 5차례의 연주회를 가졌다. / 사진=구본숙

2024 금호아트홀 상주음악가
피아니스트 김준형

2025년 금호아트홀 상주음악가로는 전채안(바이올린), 박은중(바이올린), 장윤선(비올라), 박성현(첼로)으로 구성된 아레테콰르텟이 선정됐다. 2019년 금호콘서트오디션에 만장일치 합격해 2020년 금호영체임버콘서트로 데뷔한 젊은 현악 사중주단으로, 2025 보르도국제현악사중주 콩쿠르에서 3위를 수상하며 '한국팀 최초 입상'의 성과를 거뒀다.

현재 금호문화재단은 매주 목요일 밤 열리는 '아름다운 목요일'을 금호아트홀 연세(390석)서 이어 오는 중이다. 1997년, 금호미술관의 '금호갤러리 금요콘서트'로 시작된 이 기획 공연은 금호라이징스타를 비롯, 한국의 젊은 음악가를 조명하는 금호아티스트부터 세계적 음악 거장을 초청하는 금호익스클루시브까지 꾸준히 수준 높은 무대를 선보이고 있다.

영재 및 영아티스트는 매주 토요일 목격된다. 오후 3시·7시 30분 공연이 열린다. 금호영재에 이어 2024년 금호영아티스트로 선정된 바이올리니스트 위재원은 "2011년 금호영재콘서트가 내 생애 첫 독주회였다"며 "그때 느꼈던 복잡미묘하면서도 강렬했던 감정이 내가 바이올린을 하는 이유가 됐고, 음악가로서의 밑바탕이 됐다"고 말했다.

금호문화재단의 총아인 손열음은 과거 한 인터뷰에서 "음악은 스포츠와 달리 성과를 내고 끝내는 게 아니라 평생 하는 것"이라며 "부침이나 고저가 있더라도 꾸준히 지켜봐 주셨으면 좋겠다"고 부탁했다.

"왜 이 자리에서 이 곡('크라이슬레리아나')을 선곡했는지 의아해할 분도 계실 거예요. 회장님께서 당신께서 어떤 곡을 좋아한다고 말씀해 주셨던 적이 없어요. 다만 제가 좋아하는 곡이면 본인도 좋아한다는 말씀은 늘 하셨죠. 이 곡은 제가 가장 좋아하는 곡이에요. 또 이 곡만큼 사랑에 대해 많은 이야기를 건네는 곡이 또 없는 것 같아 고르게 됐습니다. 제게 회장님은 사랑이 뭔지 알려 주신 분입니다."
_피아니스트 손열음

박성용 금호그룹 명예회장은 문화·예술계 전반에 걸친 꾸준한 지원 활동으로 한국 메세나의 기틀을 마련한 인물이다. 그가 이끌던 금호문화재단은 2002년 대통령 표창인 메세나대상 대상을 받았으며, 2004년에는 박성용 이사장이 한국인 최초로 몽블랑문화예술후원자상 수상자로 선정됐다. 2005년 타계 후 금관문화훈장이 추서됐다. / 사진=이은주

2011년 7월, 박삼구 금호아시아나문화재단 이사장이 롯데호텔에서 축하 행사를 열고 제14회 차이콥스키국제음악콩쿠르에서 입상한 금호영재 출신 연주자들을 격려했다. 피아노 부문 2위 손열음(왼쪽부터), 바이올린 부문 3위 이지혜, 박삼구 이사장, 피아노 부문 3위 조성진.

2012 금호영재콘서트 신년 음악회 이수빈 바이올린 독주회 포스터

바이올리니스트 이수빈은 2010년 금호영재콘서트로 한국에 데뷔했으며, 2016년부터 금호악기은행의 1794년산 주세페 과다니니 크레모나 바이올린을 사용해 왔다. 2015 퀸엘리자베스국제콩쿠르 우승자인 임지영에게서 이 악기를 넘겨받았으며, 이후 9년간 해당 악기와의 깊은 호흡 속에 한층 성숙해진 표현력을 선보이고 있다.

금호미술관
101번의
선택

금호문화재단의 감각은 청각에만 머무르지 않았다. 1989년, 관훈동 작은 갤러리에서 출발해 1996년 11월 삼청동에 자리 잡은 금호미술관이 그 증거다. 아직 기업 미술관 및 대안 공간이 드물던 시절, 이 미술관은 낯설고도 실험적인 후원 방식을 주저 없이 택했다. 금호미술관은 일찍부터 지역 기반 작가에게 기회를 제공했고, 신진 작가에게도 전시에 과감히 힘을 실었다. 그중 상당수는 오늘날 중견으로 성장해 동시대 화단의 중요 축을 이루고 있다.

현재 금호미술관이 보유한 소장품은 총 3,000여 점. 김기창·김환기·류경채·오지호·이성자 같은 거장의 작품은 물론, 이제 막 두각을 드러내기 시작한 젊은 작가의 작업도 빠짐없이 담겨 있다.

2004년부터는 금호영아티스트라는 이름 아래 젊은 작가 지원을 체계화했다. 2024년까지 22회 공모를 통해 101명의 작가가 선정됐고, 김상진·박혜수·안정주·임자혁·정윤석·정재호 등이 이 시리즈를 통해 본격 행보를 시작했다. 미술계 전반에서 세대교체와 새로운 시야에 대한 관심이 고조되던 시기와 궤를 같이한다. 한때는 경기도 이천에 금호창작스튜디오를 운영하며 창작 거점으로의 역할도 수행했다. 2005년부터 2021년까지 이곳을 거친 작가는 89명에 이른다.

금호미술관 외관

제21회 금호영아티스트 최은빈 '스탠드-인'(2024). 최은빈 작가는 "공간이 텅 빈 것 같아도 본인의 뒷모습을 볼 수 있는 구멍이 벽에 있다"며 "사람에 따라 그 모습이 반으로 나뉘고, 멀어진다. 관람객 저마다의 시야를 갖게 되는 작품"이라고 설명했다.

제21회 금호영아티스트 송수민 개인전 '연기 속의 시선'(2024) 전경. 일과 육아의 병행이 힘들었지만 또 보람도 됐다는 송수민 작가는 "아이가 점차 자라면서 색연필로 낙서를 하기 시작했다. 마침 전쟁에서 미사일이 하늘로 올라가는 모습을 봤는데 그 둘이 겹쳐 보이더라"며 "아이의 낙서는 그대로 따오고 전쟁의 부분을 그 위에 얹어 모호한 상황을 표현했다"고 말했다.

제21회 금호영아티스트 오제성 개인전 '고스트 프로토콜'(2024) 전경

"선배 작가분들께서 식민 지배부터 한국 전쟁 그리고 압축 성장까지 군인으로, 민주 투사로, 한 가정의 아버지로 조각을 하셨다는 걸 알게 됐어요. 그분들의 형태와 질감, 구성을 참고하되 반대로 재료는 현대적으로 재구성했죠."_오제성 작가

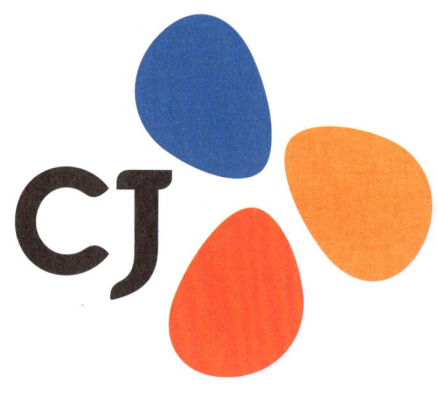

문화강국
미래를 그린다

CJ문화재단

"문화가 없으면 나라도 없다."
이병철 선대회장의 문화보국 신념은 CJ문화재단 설립의 씨앗이 됐다.

이어 이재현 CJ그룹 회장은 "기업은 젊은이의 꿈지기가 돼야 한다"
는 철학 아래, 젊은 창작자가 그 상상력의 한계를 시험할 수 있는
토양을 조성해야 한다고 강조했다.

2006년, 이재현 회장이 설립한 CJ문화재단은 CJ그룹과 함께 문화
강국의 새로운 미래를 그리고 있다.

2024년까지 문화·예술 분야에 863억원을 지원했고, 776명의 창작
자를 발굴했다.

창작의 UP
세상에
메아리치다

▲스토리업 ▲스테이지업 ▲튠업으로 대표되는 CJ문화재단 3대 사업은 단순 금전 지원을 넘어, 창작자 성장을 위한 맞춤형 인큐베이팅을 제공해 왔다.

스토리업은 신인 감독의 기획안을 발굴, 시나리오 개발부터 촬영, 편집, 출품까지 단계별 지원을 진행한다. 2010년 시나리오작가 지원으로 출발해 2018년부터 단편 제작 중심으로 전환했다. 지금까지 202명, 39편을 발굴·제작했으며, 61건의 영화제 수상과 초청 실적을 올렸다.

매년 최대 12명의 감독에게 시나리오 기획 개발비(편당 100만원)를, 이 중 6명을 선정해 제작비(편당 2,000만원)를 추가 제공한다. 모든 과정에는 한국영화감독조합(DGK) 소속 감독이 멘토링을 맡는다. 2025년에는 멘토링을 기존 5회에서 6회로 늘리고, 국제 영화제 심사 경향에 맞춰 러닝 타임도 25분 미만으로 조정했다.

2025년 멘토로는 영화 '파일럿'의 김한결, '잠'의 유재선, '대도시의 사랑법'의 이언희 감독이 새롭게 이름을 올렸고, '소울메이트' 민용근, '우리집' 윤가은, '윤희에게' 임대형 감독이 다시 한번 멘토진에 합류한다. 또한 제작사 사나이픽처스와 함께 4억원 규모의 독립 장편 영화 제작도 지원한다. 2021년에는 스토리업쇼츠를 론칭해 단편 영화를 극장에서 정기 상영하기 시작했다.

임유리 감독의 영화 '메아리'는 전래 동화적 색채에 여성 서사를 결합, 그 참신한 시도가 돋보인 작품이다. CJ문화재단은 야간 로케이션 등으로 제작 난도가 높았음에도 현실적 제약보다 기획의 창의성에 주목해 이 단편을 2022년 스토리업 최종 선정작으로 결정했다. 이후 멘토링을 통해 완성도를 높였고, 제77회 칸국제영화제 라시네프 부문에 공식 소성뇌는 성과노노 이어셨나. 사신은 임유리 감독(숭앙)이 스토리업쇼츠: 북미에서 고란 토팔로비치 뉴욕아시아영화제 공동설립자(오른쪽)와 함께 관객과의 대화를 진행하는 모습. / 사진=뉴욕한국문화원, 강태욱

영화 '메아리'(2024) 포스터 / 사진=인디스토리

뮤지컬 '홍련'은 2024년 초연 당시 객석 점유율 99.6%, 관객 평점 9.9점을 기록하며 매 회차 전석 매진을 달성했다. 이듬해 제9회 한국뮤지컬어워즈에서 작품상(400석 미만)을 수상했다. / 사진=마틴엔터테인먼트

스테이지업은 뮤지컬 부문 창작자의 작품 개발을 지원하는 프로그램이다. 전담 프로듀서 매칭과 컨설팅, 리딩 공연, 시장 진출까지 단계적으로 지원한다. 2010~2024년 73편의 개발을 지원했고, 24편이 본공연으로 이어졌다.

'여신님이 보고 계셔'(2010), '풍월주'(2010), '아랑가'(2015), '붉은 정원'(2017), '라 루미에르'(2018), '라흐 헤스트'(2020), '벤자민 버튼'(2021), '홍련'(2022) 등 다수 작이 스테이지업 지원으로 탄생했다. 이 중 '여신님이 보고 계셔'는 한국 창작 뮤지컬의 새 지평을 열었다는 평가를 받으며 2023년 10주년을 맞이했고, 2025년 팔연까지 누적 공연 1,000회를 넘기며 대학로 스테디셀러로 자리 잡았다.

2025년에는 선정작을 3편에서 4편으로 늘렸으며, 기획 개발 실비와 리딩 공연 제작비 외에 창작 지원금 1,000만원이 지급되고, 해외 진출 시 격려금 1,000만원이 추가 지급된다.

튠업은 음악계 진입이 어려운 인디 뮤지션에게 현장 중심의 실질적 지원을 제공한다. 2년 동안 2개 앨범 제작비 최대 2,500만원을 지원하고, ▲CJ아지트에서 개최되는 기획 공연(기획비 300만원·최대 3회) ▲500석 이상 규모의 중형 단독 공연(대관

비 전액·최대 2회) ▲2,000석 이상 규모의 대형 단독 공연(대관비 전액·1회) 등 성장 단계별 맞춤형 지원을 펼친다. 단독 글로벌 투어 지원은 물론, 케이콘 재팬 및 LA를 비롯한 해외 대형 공연 기회도 제공한다.

2010년 시작 이래 이진아(2012·9기)를 비롯해 멜로망스(2016·17기), 술탄오브 더디스코(2016·17기), 새소년(2017·18기), 소수빈(2018·19기), 아도이(2018·19기), 죠지(2018·19기), 카더가든(2018·19기), 홍이삭(2021·22기), 김뜻돌(2024·25기) 등이 튠업을 거쳐 활발한 활동을 벌이고 있다. 2024년까지 누적 지원 뮤지션수는 210명, 79개 팀이다. 2025년 상반기에는 중형공연 부문에서 지소쿠리클럽과 크리스피가, 대형공연 부문에서는 한로로와 홍이삭이 재단의 전폭적 지원을 받았다.

CJ문화재단은 CJ와함께하는유재하음악경연대회를 2014년부터 후원하며 실력 있는 신인 싱어송라이터를 발굴하고 있다. 수상자는 대상 500만원, 금상 250만원, 은상 200만원 등 2,300만원의 장학금과 함께 '유재하 동문 기념 음반' 제작 및 발매를 지원받는다. 광흥창에 위치한 CJ아지트는 튠업, 유재하음악경연대회 수상자에게 공연장 및 스튜디오를 제공한다. 2009년 개관 후 2024년까지 누적 공연수는 545회, 누적 관객수는 6만 2,052명이다.

'올리브 그린 사운즈 위드 CJ문화재단'에서 가창 중인 가수 죠지 / 사진=EMA

클래식도 현대 미술도

CJ문화재단은 순수 예술 대중화를 통해 문화 산업의 기초를 다져 왔다. 1996년부터 화음체임버오케스트라를 꾸준히 지원해 온 것도 그 일환이다. 최근에는 카네기홀 무대를 후원하며 한국 신예 연주자의 세계 진출도 돕고 있다. 국내 기업과 예술나무포럼 개인 기부자들이 함께 후원한 공동 프로젝트다. 2024년 첼리스트 최하영, 2025년 피아니스트 선우예권의 리사이틀이 성사됐다.

현대 미술 분야로도 지원의 폭을 넓히고 있다. 2016년부터 서도호 작가의 활동을 조명한 4편의 다큐멘터리('별똥별: 집을 찾아' '함녕전: 황제의 침실' '서도호의 움직이는 집들' '연결하는 집, 런던') 제작을 지원해 왔다. 1기업1미술작가지원사업은 국내 우수 작가가 예술을 생업으로 삼을 수 있도록 돕는 취지에서 시작됐다. CJ문화재단은 한국메세나협회 소개로 2021년부터 3년간 정정주 작가에게 1,500만원을 후원했다. 2024년에는 전통적 감각을 현대적 기술로 재해석, 조각의 새로운 형태를 제시하는 오제성 작가와의 3년 후원 협약을 맺었다.

첼리스트 최하영이 카네기홀 잔켈홀에서 성황리에 데뷔 리사이틀을 마쳤다. / 사진=한국메세나협회

다큐멘터리 '연결하는 집, 런던' 특별 상영회에 참석한 서도호 작가 / 사진=리만머핀

장학금으로 대중음악 人材 양성

클래식 음악에 비해 상대적으로 소홀했던 대중음악 인재 양성 차원에서 CJ음악장학사업을 꾸준히 운영 중이다. 이는 세계 유수 음악대학에서 공부하는 대중음악 유학생을 돕는 국내 최초이자 유일한 장학 사업이나. 2011년 시작해 224명이 수혜받았다.

2019년, 버클리음악대학 4년 전액 장학금을 지원하는 CJ프레지덴셜스칼라십을, 2023년부터는 한미교육위원단과의 협력으로 CJ-풀브라이트음악대학원장학프로그램을 신설하는 등 양적, 질적 발전이 이뤄졌다.

이 중 버클리음악대학 부문은 전체 입학생 가운데 총장 전액 장학금 기준에 부합하는 성적 우수자 중 한국인 1명에게 연간 학비와 기숙사비 등 약 7만 3,000달러를 최대 4년간 후원하는 CJ프레지덴셜스칼라십과, 우수 유학생에게 연간 최대 1만 6,000달러의 장학금을 수여하는 CJ뮤직스칼라십으로 구분된다. 해외음악대학원 부문에서는 학기당 5,000달러, 연간 1만달러의 장학금을 최대 3년간 지급한다.

CJ-풀브라이트음악대학원장학프로그램은 한국 풀브라이트 프로그램 중 유일한 대중음악 장학 프로그램이다. 최종 선정된 장학생은 석박사 학위에 따라 최대 3년간, 최대 14만달러의 장학금 및 생활비를 지원받을 수 있다.

CJ문화재단은 2022년 뉴욕한국문화원과 손잡고 영코리안아티스트시리즈도 시작했다. 뉴욕에서 활동 중인 한인 차세대 공연 예술가의 성장 및 국제 무대 진출을 도모하기 위한 취지다.

2025년 제3회 영코리안아티스트시리즈에서는 CJ문화재단 해외음악대학원 부문 장학생이자 라비니아국제작곡대회 한국인 최초 우승 경력을 보유한 차세대 재즈피아니스트 정지수가 무대에 올라 관객에게 클래식과 재즈를 정교히 교차한 독창적 음악을 선사했다. 200석 전석 매진을 기록하며 현지 관객의 뜨거운 반응을 이끌어 냈다. / 사진=뉴욕한국문화원, 김도형

때는 2024년 11월 3일. CJ아지트 광흥창에서는 '2024 CJ X 버클리 뮤직 콘서트–팝 모자이크'의 일환으로 버클리음악대학 교수진인 샤릭 하산과 클레어 림의 청소년 대상 마스터클래스가 열렸다. 이날 CJ도너스캠프 문화동아리 음악 부문 학생 30여 명은 공연 퍼포먼스 클리닉은 물론, 비트 윅과 에이블톤 등 프로그램과 각종 장비를 직접 체험하는 기회를 가졌다.

이 마스터클래스는 CJ문화재단과 버클리음악대학이 2011년부터 함께해 온 CJ음악장학사업의 연장선에서 마련된 자리였다. 문화동아리 는 CJ그룹의 또 다른 비영리 법인인 CJ나눔재단의 사회 공헌 프로그램, 청소년 문화 창작 활동을 지원한다. CJ문화재단 관계자는 "협연에 이어, 음악 교육의 기회가 적은 청소년들을 위해 마스터클래스에 선뜻 참여해 주신 교수진에게 감사의 뜻을 표한다"고 밝혔다.

튠업음악교실은 튠업 뮤지션과 버클리음악대학 및 해외 음악 대학 원 출신 CJ음악장학생이 특별 선생님 자격으로 청소년을 직접 가르치는 순환형 음악 나눔 프로젝트다. 2012년부터 2024년까지 645명의 강사와 1,944명의 학생이 참여했다. 그중 나사로청소년의집 학생들은 튠업음악교 실을 통해 향상된 음악 실력으로 밴드 레인보우를 결성, 활발한 음악 창작 및 퍼포먼스 활동을 이어 가고 있다. 다솜관광고등학교에서도 학생들이 CJ문화재단에서 제공받은 악기와 재단에서 지원받은 뮤지션을 통해 방과 후 음악 수업을 받고 있다.

버클리음악대학 마스터클래스 현장

이재현 CJ문화재단 이사장

내일 앞당기는
문화 꿈지기

2025년 2월, 한국문화예술위원회는 정량 지표와 전문가 6인의 정성 평가를 토대로 문화·예술 목적의 기업 재단 후원 실적을 분석·발표했다. 해당 조사에서 CJ문화재단은 가장 높은 기여도를 보이는 재단으로 이름을 올렸다. 이러한 성과는 수상 이력에서도 드러난다. CJ문화재단은 한국메세나협회가 주관하는 메세나대상에서 2008년 문화공헌상, 2010년과 2017년 대상 수상의 영예를 안았다.

2018년에는 제67회 서울특별시문화상 문화예술후원 부문 본상을, 2021년에는 제40회 세종문화상 문화다양성 부문 대통령 표창을 수상한 바 있다. 민지성 CJ문화재단 사무국장은 "앞으로도 대중문화 소외 영역의 창작자를 지속적으로 발굴하고 K컬처 다양성에 기여하는 대표 문화 재단이 되기 위해 최선을 다하겠다"고 전했다.

예술은 흐르고
기술은 비춘다

LG그룹

1995년 1월 1일, 대한민국 신문 1면 하단에 붉은 원형의 낯선 형상이 등장했다.

스마일 마크처럼도 보이고, 붉게 상기된 얼굴이 윙크를 보내는 듯한 도형. 아래에는 "새해 복 많이 받으십시오"라는 인사 한 줄이 그 곁을 지키고 있었다.

신라 얼굴무늬 수막새에 영감받은 이 상징은 미소 띤 눈 하나는 집중과 환대를, 곡선의 여백은 유연함과 창조성을 상징했다.

무엇보다 사람을 향한 따뜻한 시선과 마음도 그 안에서 돋보였다.

락희화학으로 시작한 1947년의 첫걸음 이후, LG그룹은 자본의 축적을 넘어 "사회 복리를 먼저 생각하고, 나아가서는 나라의 백년대계에 보탬이 되는" 역할을 꾸준히 고민해 왔다.

바로 그 연장선에서 LG그룹의 문화·예술 후원은 기술에 대한 믿음과 사회를 향한 책임이 서로 교차하는 지점에 있다.

이 미소는 조용하게, 그러나 한결같이 시대와 말을 이어 왔다.

'럭키금성이 LG로 바뀝니다'라는 제목의 신문 광고

예술이 된 기술
구겐하임 밝히다

구겐하임미술관 외벽에 2025 제3회 LG구겐하임어워드를 기념하는 프로젝션이 투사됐다.

LG그룹의 미소는 세계적 미술관과의 협력을 통해 더욱 생생히 살아 숨 쉬고 있다. 대표적 무대가 LG그룹과 구겐하임미술관이 손잡고 펼치는 LG구겐하임아트앤드테크놀로지이니셔티브다. 양측은 2023년부터 2027년까지 5년에 걸친 글로벌 파트너십을 맺었다. 구겐하임미술관은 메트로폴리탄미술관(The Met), 뉴욕현대미술관(MoMA)과 함께 미국 뉴욕 3대 미술관 중 하나로 손꼽히는 명소다.

이를 통해 (주)LG는 LG구겐하임어워드를 제정했다. 솔로몬R. 구겐하임재단이 주관하는 이 상은 매년 1명씩 기술 기반 예술 분야에서 획기적 업적을 이룬 아티스트를 선정, 조건 없이 상금 10만달러(약 1억 3,800만원)를 수여한다. 이례적으로 미술관과 후원 기업의 이름이 나란히 병기된 첫 사례로도 주목받았다.

2025년 제3회 수상자로는 대한민국 미디어 아티스트 김아영이 선정됐다. 작가는 인공지능(AI)과 가상현실(VR)을 결합해 디지털 시대 인간 및 현대 사회적 이슈를 탐구, LG그룹의 가치인 인간 중심 기술 철학과 깊은 공명을 이뤘다. 2027년까지 2명의 수상자가 추가로 선정될 예정이다.

한편, LG전자는 구겐하임미술관에서 학예연구직인 LG전자협력 큐레이터를 신설해 예술과 기술 융합의 학술적 탐구를 적극적으로 지원하고 있다. 노암 시걸 박사가 선임돼 그 둘의 상호 작용에 관한 담론을 형성 중이다.

LG그룹은 구겐하임미술관과의 협약 과정에서 임직원의 문화·예술 향유 기회를 넓히기 위한 방안도 마련했다. 이에 따라 LG그룹 임직원은 뉴욕을 비롯해 빌바오, 베네치아, 아부다비까지 구겐하임미술관 무료 입장 혜택을 제공받게 됐다.

LG디스플레이는 구겐하임미술관의 젊은예술후원자협회 파티를 후원하며 젊은 전문가가 신기술과 현대 미술의 결합을 직접 체험할 수 있는 장을 마련했다. 2023년부터 이 파티에서는 LG디스플레이의 유기 발광다이오드(OLED) 기술과 젊은 아티스트의 창의적 협업이 이뤄지고 있으며, ▲레이첼 로신(2024) ▲라주네 맥밀리언(2025) 등 시대를 선도하는 신예 아티스트가 LG OLED의 지원 아래 새로운 예술적 경험을 창조했다.

그 미소가 향한 곳은 바다 건너 뉴욕만이 아니었다. LG전자는 자사 기술력과 예술적 상상력이 만나는 또 하나의 무대로 서울 중심에 자리한 국립현대미술관(MMCA)과도 손을 맞잡았다.

MMCA X LG OLED 시리즈라는 이름으로 2025년 새롭게 출범한 이 전시는 매년 작가 1인을 선정해 서울박스에서 대형 설치 작업을 선보이는 협업 프로그램이다. LG전자는 2027년까지 3년간 전시 타이틀 스폰서로 참여한다. 시리즈 첫 번째 작가로는 추수 작가가 이름을 올렸다.

LG전자는 LG OLED 아트프로젝트를 통해 다양한 예술 장르와 협업을 이어 가며, OLED TV가 단순 디스플레이를 넘어 예술의 일부로 기능할 수 있음을 꾸준히 알리고 있다.

또한 회사는 앞서 세계적 아트 페어 프리즈의 글로벌 파트너로도 참여해 왔다. 이번 국립현대미술관과의 협업은 그 활동이 한국 미술계 안에서도 본격화된다는 점이 상징적 행보로 해석된다. 오혜원 LG전자 MS경험마케팅상무는 "이 시리즈는 기술이 예술 표현을 어떻게 증폭시킬 수 있는지를 보여 주는 혁신적 도약이다. 몰입형 감각 경험을 제공할 것"이라고 설명했다.

LG구겐하임어워드 수상 소감으로 김아영 작가는 "예술가가 기술을 통해 할 수 있는 일은 기술에 잠재된 가능성을 탐구하고, 가장 직관적인 방식으로 표현하는 것"이라며 "이러한 예술 담론을 지속할 수 있도록 지원하는 LG와 구겐하임미술관의 헌신에 깊은 감사를 전한다"고 밝혔다. / 사진=이강혁 작가(스네이크풀)

김아영 작가 '딜리버리 댄서' 시리즈가 담긴 수상 축하 영상이 뉴욕 타임스스퀘어 LG 전광판에 상영됐다.

예술은 흐르고 기술은 비춘다

2023년, LG전자는 전자 업계 최초로 프리즈서울의 공식 헤드라인 파트너로 참가하며, 그해 전시장에서 한국 추상 미술의 거장 김환기의 대표작 '어디서 무엇이 되어 다시 만나랴'(1970)를 비롯한 원화 12점과, 작가 작품을 디지털 미디어 아트로 재해석한 신작 5점을 선보였다.

LG전자가 프리즈와 처음 호흡을 맞춘 건 프리즈서울이 공식 출범하기 한 해 전인 2021년이다. 프리즈런던에서 단독 부스를 운영하며 작가 데미언 허스트의 작품을 OLED TV로 구현해 눈길을 끌었다. 2022년에는 프리즈서울에서 아니시 카푸어와의 공동 작업물을 선보였다.

2024년, LG전자는 다시 한번 프리즈서울에 공식 헤드라인 파트너로 참가, 이번에는 수묵 추상의 거장으로 불리는 서세옥 화백의 예술 세계를 주제로 그 아들인 서도호 작가, 서을호 건축가의 협업 전시를 부스에 꾸몄다. 전시 제목은 '서세옥 X LG OLED: 서도호가 그리고 서을호가 짓다'. 아버지의 철학과 미감을 두 아들이 각각의 영역에서 해석한 이 작업은 유례없는 3세대 공동 창작으로 이목을 끌었다.

LG OLED 아트프로젝트는 글로벌 아트 페어뿐 아니라 젊은 작가의 실험적 창작도 적극 지원하고 있다. 사례 중 하나가 2024년 LG아트센터 서울에서 열린 미디어 아트 신진 작가 공모전 '빛과 인간을 담아내다'다. 구기정 작가의 '매크로 하이브리드 풍경', 류성실 작가의 '불을 사냥하는 사람들', 보비스투스튜디오의 '콘크리트 오페라' '콘크리트 오페라_테라스', 소프트매러즈의 '태양의 파빌리온', 염인화 작가의 '디바 스펙트라'가 LG아트센터 서울 2층 아트라운지에서 무료 전시로 공개됐다. LG전자는 LG아트센터 서울과 함께 전시 공동 주최자로 참여해 5개 팀에 각 3,000만원의 제작비를 지원했으며, 전시 공간 구성과 OLED TV 장비 운용에도 협력했다.

LG아트센터 서울 / 사진=LG아트센터

2025년 4월, 서울 종로구 국립고궁박물관에서 열린 '조선 왕실, 대한제국 황실 국가유산 복제 성과 공개 행사'에서 최응천 국가유산청장(왼쪽)과 이홍주 LG생활건강 상무가 영친왕비의 동절기 '소례복(당의)' 복제품을 살펴보고 있다. LG생활건강 더후는 2015년부터 국가유산청과 국가유산지킴이 협약을 맺고 궁중 문화유산의 보존과 재조명을 위한 다양한 후원 사업을 이어 오고 있으며, 2024년부터는 조선왕실문화유산보호지원 지정 기탁 기업으로 대한제국 황실 복식 복제 사업도 후원 중이다.

연암에게서 시작되다

"돈을 벌기만 했는데, 사회에 기여하려면 무슨 방면에 쓰면 좋을까?" LG 그룹 문화·예술 후원의 뿌리는 연암 구인회 창업회장이 남긴 한마디에서 시작됐다. 후에 LG연암문화재단은 학술과 교육 영역을 넘어, 예술계로도 지원의 범위를 넓혔다.

2000년 3월, 서울 강남구 역삼동에 문을 연 LG아트센터는 민간 기업이 운영하는 비영리 공연장이라는 점에서 업계의 주목을 받았다. 세계적 수준의 작품을 시차 없이 국내에 소개, 그 기조가 지금까지 유지되고 있다.

"공연의 대중적 흥행보다는 세계 최고 수준의 문화·예술을 국내에 소개하는 데 집중하라"는 것이 구본무 선대회장의 당부였다. 이현정 LG 아트센터 서울 센터장 또한 모기업과 LG연암문화재단에서 공연과 관련해 간섭이 따로 없었다면서, 좋은 공연만이 유일한 주문이었던 것이 이곳만의 강점이라고 설명했다. LG연암문화재단은 선진 공연 문화 구축에 기여한 점을 근거로 2003년 제4회 메세나대상 대상에 이어, 제23회 메세나대상 시상식에서도 대통령 표창에 해당하는 대상을 받았다.

웰컴 투 LG아트센터

민간 공연장은 경제 상황에 따라 존립과 운영 방향이 흔들리기 쉽다. LG 아트센터의 경우 건립 단계에서 경제에 외환 유동성 위기가 닥치기도 했다. 그러나 LG그룹은 이런 외부 여건에 굴하지 않고 공연장 건립을 계속 추진, 역삼 센터 개관 당시 530억원의 운영 기금도 함께 조성했다. 미래를 내다보고 이로써 향후 안정된 기반을 마련한 셈이다.

2022년 10월, LG아트센터는 서울 강서구 마곡지구로 이전해 LG 아트센터 서울이라는 이름으로 다시 문을 열었다. 공사비 2,556억원. 건축가 안도 다다오가 설계한 이 공연장은 LG그룹이 시에 기부 채납하고, 이후 20년간 LG연암문화재단이 사용 수익권을 받아 독자 운영하는 구조로 조성됐다.

LG아트센터 서울은 1,335석(1층 742석, 2층 315석, 3층 278석) 규모의 다목적 공연장 LG시그니처홀과 최대 365석 규모 블랙박스 공연장 U+스테이지를 중심으로 운영된다. 기획의 중심은 콤파스 (CoMPAS·Contemporary Music & Performing Arts Season)라는 시즌제 프로그램이다. 여러 세계적 거장이 LG아트센터 무대를 통해 한국 관객과 처음 만났고, 클래식과 현대 음악, 월드 뮤직을 아우르며 음악 프로그램 전반에서도 다른 공연장과는 차별화된 기획력을 보여 왔다.

장진 연극 '박수칠 때 떠나라'(2000)와 '웰컴 투 동막골'(2002)은 후에 영화로도 만들어져 뜨거운 호응을 얻었고, 2024년에는 연출가 사이먼 스톤과 배우 전도연, 박해수가 함께한 연극 '벚꽃동산'이 LG시그니처홀에서 연일 매진을 기록하며 큰 반향을 불러일으켰다.

LG아트센터는 역삼 시절까지 포함해 지금까지 980편의 작품을 무대에 올렸고, 누적 관객수는 515만명에 달한다. 마곡 이전 후로만 한정하면 2년 3개월간 113편의 공연으로 관객 65만명을 끌어모았다.

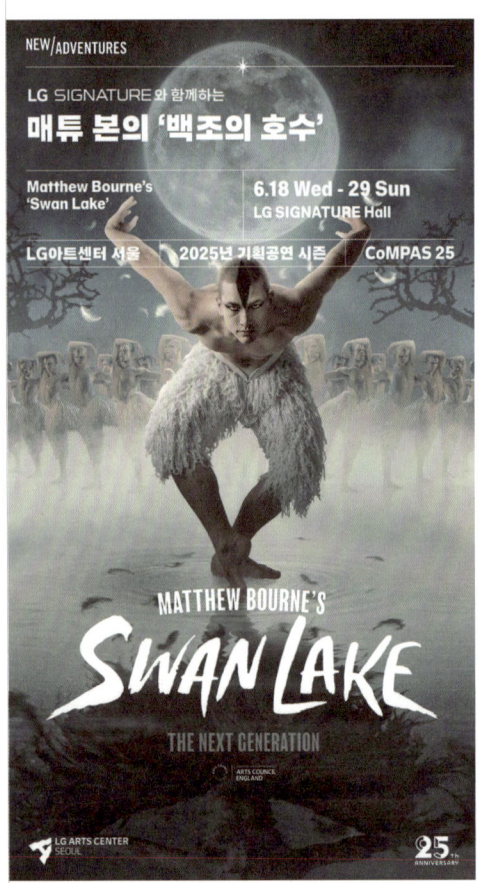

매튜 본의 '백조의 호수'(2025) 포스터 / 사진=LG아트센터

연극 '벚꽃동산'(2024) 포스터 / 사진=LG아트센터

2024년 LG아트센터 서울 공연에서 연극 '벚꽃동산'은 객석 점유율 95%, 누적 관객수 4만명의 대기록을 세웠다. 공연을 마치고 송도영 역의 배우 전도연은 "영원히 깨고 싶지 않은 꿈처럼 행복한 시간이었다"는 소감을 밝혔다. 황두식 역의 박해수는 "내 안의 수많은 감정을 만나고 전달할 수 있던 특별한 경험이었다"고 전했다. / 사진=LG아트센터, StudioAL

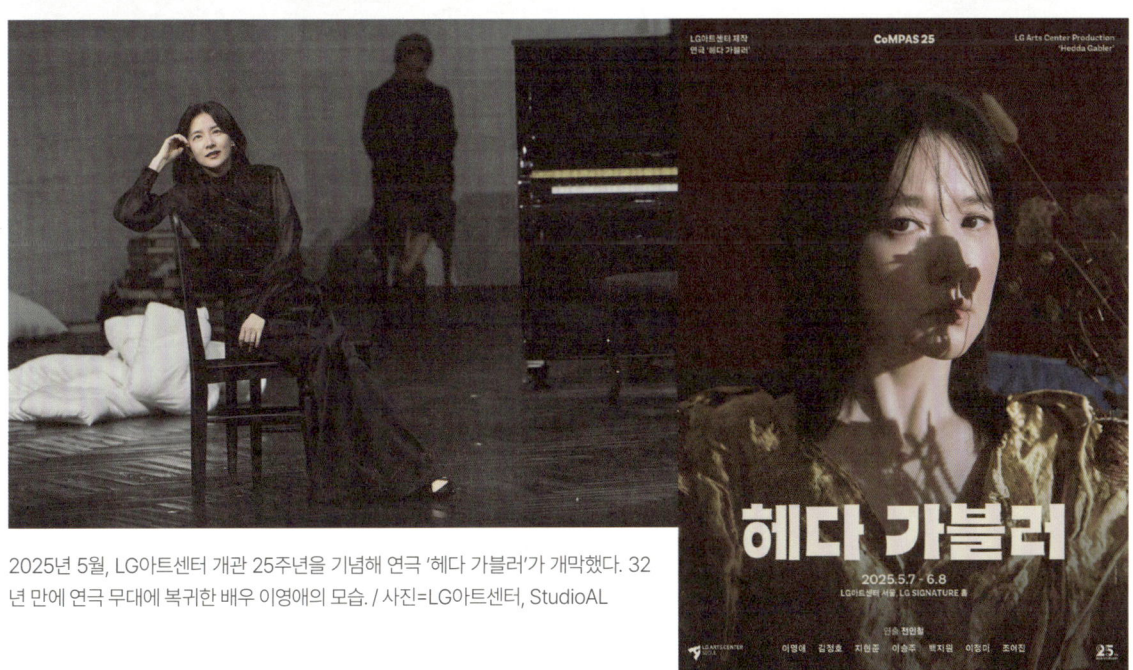

2025년 5월, LG아트센터 개관 25주년을 기념해 연극 '헤다 가블러'가 개막했다. 32년 만에 연극 무대에 복귀한 배우 이영애의 모습. / 사진=LG아트센터, StudioAL

연극 '헤다 가블러'(2025) 포스터 / 사진=LG아트센터

HYUNDAI
MOTOR GROUP

예술은 삶을 바꾸는
가장 조용한 엔진

현대자동차그룹

현대자동차그룹의 메세나는 '먼 길'에 더 가깝다. 목적지보다 경로가 중요하고, 성과보다 과정이 우선이다. 결과가 반짝하지 않더라도, 이 길을 걷는 이들의 눈빛이 반듯하다면 후원자로서의 소임은 다한 셈이다.

영국 테이트모던과의 20년 장기 커미션, 베니스비엔날레 한국관 지원, 국내에서도 국립현대미술관 120억원 장기 후원, 공공 기관 국제 교류 플랫폼인 현대트랜스로컬시리즈까지.

여기에 현대블루프라이즈+, VH어워드 등 아직 이름이 낯선 공모전까지 합하면, 그 저변이 실로 깊고도 넓다는 사실이 짐짓 드러난다.

한편으로는 디자인이 삶에 던지는 질문을 다루고, 임직원이 직접 음악을 연주하는 방식으로 예술을 가깝게 품는다.

모든 여정은 하나의 장면으로 귀결된다. 2023년, 정의선 현대자동차그룹 회장은 테이트모던 후원 등 문화 기여를 인정받아 영국 찰스 3세 국왕으로부터 대영제국지휘관훈장을 받았다.

예술은 삶을 바꾸는 가장 조용한 엔진이며, 기업은 그 엔진이 멈추지 않도록 연료를 공급해야 한다는 믿음.

정주영 선대회장이 받았던 훈장이 46년 만에 정의선 회장에게 다시 돌아온 것은, 무역에서 예술까지, 과연 기업의 외연이 얼마나 달라졌는지를 또렷이 웅변하는 한순간이다.

세계를
경유해
예술을
건다

2014년, 테이트모던과의 파트너십으로 시작된 현대커미션은 단일 기업으로서는 이례적인 11년간의 장기 지원을 기록했다. 협약은 2036년까지 연장돼 기업 후원의 새로운 표준으로 주목받고 있다. 커미션은 개인이나 기관의 요청으로 작가가 새로 제작한 작품을 말한다.

본래 화력 발전소였던 테이트모던 터바인홀에 여전히 매년 새로운 설치 작품이 들어설 수 있는 배경에는 현대자동차의 꾸준한 후원이 있다. 글로벌 감각을 지닌 현대자동차는 공공성에 주목하고, 특히 비서구권 예술을 조명하고자 하는 테이트모던의 철학에 공감하며 이 커미션을 함께해 왔다.

2025년 10회째를 맞은 현대커미션. 전시 작가로는 1983년생 마렛 안네 사라가 선정됐다. 2024년에는 한국 작가 최초이자 역대 최연소 작가로 이미래가 선정됐다. 휘트니미술관과도 10년간 협력하며 장기 후원의 새로운 방향을 모색하고 있다. 2024년부터 세계 3대 비엔날레인 휘트니비엔날레를 5차례 공식 후원한다. 미술관 야외 공간에서는 현대테라스커미션을 연례 전시로 선보이고 있다.

현대자동차 제네시스도 예술과의 접점을 넓히며 다양한 기관 및 창작자와 협업을 지속 중이다. 메트로폴리탄미술관과는 5년간의 파트너십을 통해 더제네시스파사드커미션을 운영한다. 2024년, 한국 작가 이불이 '완전성'을 주제로 대형 조각 4점을 건물 외벽에 설치했고, 2025년에는 제프리 깁슨이 차기 작가로 선정됐다. 테이트모던과는 '더제네시스익스비션: 서도호: 워크 더 하우스'전(2025)을 후원해 서도호 작가 특유의 사회적 감수성과 공간성에 대한 탐구를 전 세계 관람객과 공유했다.

국가를
말하는 방식
미술이라는
언어로

1895년 시작돼 100년이 넘는 역사를 자랑하는 베니스비엔날레는 본 전시를 총감독이 기획하고, 국가관은 참가국이 자율로 구성하는 이중 구조를 가진다. '미술 올림픽'으로도 불리는 이곳에서, 예술은 가장 세련된 외교적 도구로 기능한다. 단지 예술을 위한 전시장이 아니라, 각국의 문화 상상력이 충돌하고 연대하는 정치적 장소다.

현대자동차는 이런 베니스비엔날레의 지형 안에서 격년으로 열리는 국제미술전의 한국관 전시를 2015년부터 공식 후원해 오고 있다. 한국이 세계 미술계와 긴밀히 호흡할 수 있는 계기를 꾸준히 조성한 것이다.

2024년 제60회 베니스비엔날레 국제미술전에서는 한국관 전시 '구정아–오도라마 시티'와 한국관 건립 30주년을 기념하는 특별전 '모든 섬은 산이다'를 후원하며 지원의 스펙트럼을 확장했다.

오도라마는 향기를 뜻하는 '오도'에 '드라마'를 결합한 단어다. 구정아 작가는 '한국의 도시, 고향에 얽힌 향의 기억'을 전 세계에서 수집해 17개의 향으로 구성된 한국의 초상을 완성했다. 시각의 도시 베니스에 향기를 불어넣으며 냄새로 기억을 환기하는 또 다른 언어를 제시했다.

제60회 베니스비엔날레 국제미술전 한국관 '구정아-오도라마 시티'전(2024) 전경 / 사진=필라코리아스, PKM갤러리, 마크 블로어

미래를 기획하는
이들을 위하여

예술이 세상을 바꾸는 방식은, 결국 사람을 향할 때 가장 분명해진다. 현대자동차와 그룹은
창작 주체를 발견하고 그들이 성장할 수 있는 토대를 마련하는 데 집중해 왔다.

대표적 사례가 2025년 +를 붙이고 새로 명명된 현대자동차 현대블루프라이즈+다.
아시아적 정체성과 동시대 이슈를 조망하는 젊은 큐레이터를 발굴하고, 이들의 전시 기획을
실현하는 전방위 플랫폼으로 진화했다. 국제적 전문가로 구성된 심사위원단의 멘토링과
리서치 투어, 최대 80만위안(약 1억 5,000만원)의 전시 실현금을 지원한다.

어느 시대든 예술 전선(前線)에는 늘 새로운 시선이 필요하다. 2016년 출범한 현대자
동차그룹의 VH어워드는 차세대 미디어 창작자를 선발하는 글로벌 공모전이다. 지리적 경계
를 넘어선 아시아계 작가들의 실험 정신이 예술계 안팎의 주목을 끌고 있다. 2025년 그랑프
리 수상자는 베이징 출신의 아티스트이자 테크놀로지스트 웬디 얀이었다. 그는 작품 제작비
2만 5,000달러(약 3,400만원)와 함께, 차기 작업을 위한 상금 2만 5,000달러도 추가로 지원
받았다. 아시아와 유럽 간 지식 교류를 컴퓨터생성이미지(CGI)로 재해석한 신작 '드림 오
브 월넛 팰리스'로 심사위원단의 호평을 받으며 그랑프리에 선정됐다.

축적은 끝났고 연결이 시작된다

현대자동차는 2014년부터 10년간 국립현대미술관(MMCA)과 손잡고 한국 현대 미술의 토대를 다져 왔다.

MMCA현대차시리즈는 매년 중진 작가 1명을 선정해 대규모 개인전을 지원하는 형식으로 진행됐다. 국내 제도권 안에서는 실현되기 어려웠던 대형 신작이 이 시리즈를 통해 구현됐다. 이불·안규철·김수자·임흥순·최정화·박찬경·양혜규·문경원/전준호·최우람·정연두로 이어지는 작가 명단이 이것의 미술사적 위상을 뒷받침한다.

2019년 출범한 프로젝트해시태그는 실험적이고 학제적인 창작을 독려해 온 개방형 창작 플랫폼이다. 매년 2개 팀을 선정해 창작 지원금과 창동레지던시 작업실 그리고 국립현대미술관 서울관 전시 기회를 제공해 왔다.

2025년, 현대자동차는 한 걸음 더 나아간다. 지난 10년을 마무리하고, 향후 10년간의 장기 프로젝트에 새로 착수했다. 현대트랜스로컬시리즈는 국내 공공 예술 기관의 국제 교류 및 협업을 지원하는 신규 파트너십이다. 초지역적 시선에서 동시대 예술의 접속 가능성을 탐색하고, 그 접속이 구체적으로 실현될 수 있도록 돕는다. 먼저 2025 청주공예비엔날레와 영국 휘트워스미술관이 '섬유 공예와 커뮤니티'를 주제로 공동 전시를 연다. 인도 국립공예박물관과의 협력도 더해진다. 이어 백남준아트센터와 브라질 피나코테카미술관은 '미디어와 퍼포먼스'를 화두로 삼아, 지구 반대편에서 동시대 예술의 접점을 함께 그려 나간다.

디자인은
어떻게
삶을
뒤바꾸는가

도시 폐공장 지대를 창의의 무대로 전환시킨 부산 수영구 F1963. 이곳에 현대자동차는 현대모터스튜디오 부산을 열었다.

단순한 전시장도, 브랜드 쇼룸도 아니다. 모터라는 산업의 심장과 스튜디오라는 사유의 공간이 교차하는 접점에서, 삶과 기술, 디자인이 교감하는 실험장이자 열림의 장소다.

이 공간은 개관 이래 비트라디자인뮤지엄과 긴밀한 협업을 지속하고 있다. 디자인이 단지 아름다움을 넘어, 동시대 기술과 감각을 어떻게 매개하는지에 대한 진지한 탐구다.

'헬로 로봇'전(2021)을 통해 인간과 기계의 공존을, '홈 스토리즈' 전(2023)에서는 변화하는 주거 환경과 그 안에서 모빌리티가 어떤 식으로 삶을 재구성하는지를 들여다봤다. 가장 최근에는 '플라스틱, 새로운 발견'전(2024)이 열렸다.

디자인을 가교로 기술과 인간, 예술과 기업의 경계를 새롭게 묻는 장소. 이 실험적 현장은 말 그대로 '휴머니티를 향한 진보'를 구현하고 있다.

소리를
만들고
이야기를
남긴다

현대자동차그룹필하모닉오케스트라는 2009년 임직원 10여 명의 자발적 동호회로 출발해, 지금은 18개 계열사를 아우르는 문화적 목소리로 성장했다. 세종문화회관 대극장마저 섭렵하며 '생활 속 예술'이라는 모토를 현실로 구현해 왔다.

2023년 제2회 정기 연주회에서는 피아니스트 백건우가 협연자로 무대에 올라, 음악의 본질은 기술보다 진심에 있다는 메시지를 전했다. 정기 공연 외에도 '음악이 있는 로비' 등 사내 연주회를 열고 있으며, 보육 시설 등 클래식 음악을 접하기 어려운 취약 계층에도 그 감동을 전하고 있다.

2024년, 현대자동차그룹은 프랑스 중부 루아르 지방에서 개최된 제1회 조수미국제성악콩쿠르도 공식 후원하며, 전 세계 젊은 성악가에게 탄탄한 출발선을 마련했다.

영화 분야에서도 후원은 지속된다. 제네시스는 2024년까지 8년 연속 부산국제영화제를 공식 후원하며, 제29회 영화제에 감독과 배우, 관계자를 위한 의전 차량 100여 대를 제공했다.

현대자동차그룹필하모닉오케스트라 제12회 정기 연주회 포스터. 2013년 12월, 현대자동차그룹필하모닉오케스트라는 본 연주회를 통해 피아니스트 백건우와 차이콥스키 피아노 협주곡 1번을 협연했다. 직급과 소속을 떠나 음악으로 하나 된 임직원 단원들은, 1년에 걸친 연습과 헌신을 담아 관객에게 진심 어린 무대를 선보였다. / 사진=현대자동차그룹

2023년, 정의선 현대자동차그룹 회장이 콜린 크룩스 주한영국대사로부터 대영제국지휘관훈장을 수훈하고 악수를 나누고 있다. / 사진=현대자동차그룹

먼 길의 끝
하나의 증명

2023년 11월, 정의선 현대자동차그룹 회장이 영국 찰스 3세 국왕으로부터 대영제국지휘관훈장을 수훈했다. 찰스 3세 즉위 이후 한국인으로서는 첫 사례이며, 1977년 정주영 선대회장이 받았던 것과 같은 훈장이라는 점에서 더욱 깊은 여운을 남긴다.

이 훈장은 영국 정부의 추천과 왕실의 엄정한 심사를 거쳐 수훈자가 결정된다. 서울 중구 주한영국대사관에서 열린 수훈식에서 콜린 크룩스 대사가 국왕을 대신해 훈장을 직접 전달했다.

수훈의 이유는 명확하다. 정의선 회장은 저탄소 모빌리티로의 전환을 선도한 산업적 비전을 넘어, 테이트모던을 장기 후원하며 한국과 영국 간 예술의 흐름을 잇는 데 기여해 왔다.

정의선 회장은 수훈 소감에서 "현대차그룹은 앞으로도 미래 신사업, 문화·예술, 스포츠 등 다양한 분야에서 양국 간 관계 강화에 더욱 기여하겠다"고 밝혔다.

TAEKWANG

광화문에 스민
예술의 시간

태광그룹

서울 광화문 흥국생명빌딩 앞. 출근길 인파에 섞여 걷다 보면 문득 멈추게 되는 순간이 있다.

고개를 들면 보이는 거대한 조각상. 우직하게 망치질을 반복하며 마치 도시의 리듬을 이끌듯 서 있다.

남자의 이름은 '해머링 맨'(2002). 높이 22m, 무게 50t, 특히 오른팔만 4t에 달하는 이 거대 조형물은 평일 오전 8시부터 오후 7시까지 35초에 한 번씩 쉼 없이 망치질을 한다.

산업화를 지나 고도화된 오늘날이지만, 여전히 구슬땀을 흘리며 묵묵히 일하는 이들을 상징하듯 말이다.

이곳은 단순한 오피스 빌딩이 아니다. 빌딩 숲 가운데 예술과 시민의 숨결이 명징하게 직조된 공간. 태광그룹이 구축한 문화·예술 플랫폼의 중심이다.

미술관이 된
기업의 철학

세화미술관 소장품, 작가 프레 일겐의 '당신의 긴 여행'(2008)

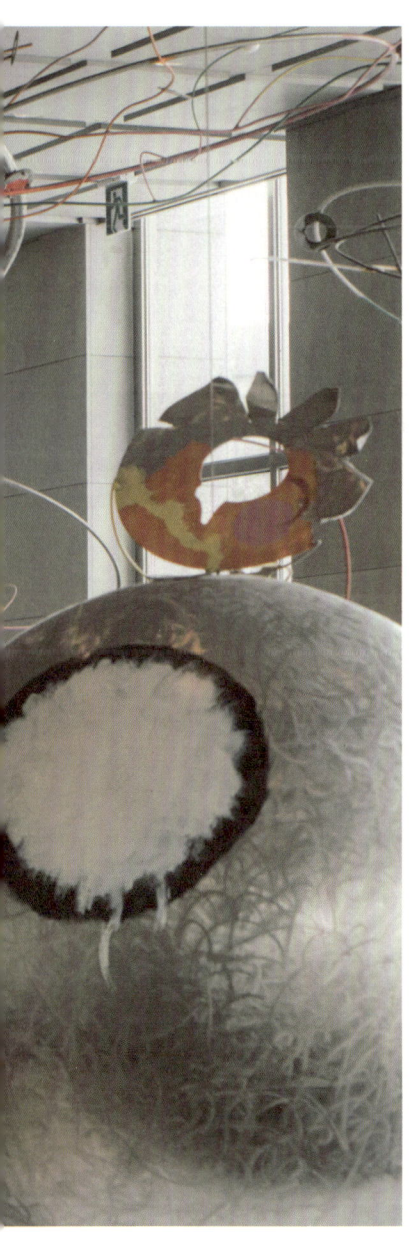

태광그룹은 창업주 이임용 선대회장과 이선애 이사장의 사회 공헌 철학을 바탕으로, 2009년 세화예술문화재단을 세워 문화·예술의 대중화에 기여하고 있다. '세화'는 예술을 통해 대중과 함께하는 화합의 장을 마련하겠다는 취지를 반영한 이름이다. 2016년 선화예술문화재단에서 현재의 세화예술문화재단으로 명칭을 변경했다.

2017년에는 2010년 3월 문을 연 일주&선화갤러리가 문화체육관광부로부터 제1종 미술관으로 지정돼 세화미술관으로 새롭게 출발했다. 누구나 일상에서 예술을 향유할 수 있도록, 도심 한가운데 미술관을 세우는 것이 이선애 세화예술문화재단 초대 이사장의 오랜 꿈이었다.

실제로 미술관은 전시실뿐만 아니라 건물 로비와 복도, 심지어 에스컬레이터 옆까지 다양한 예술 작품을 배치해 머무는 순간마다, 또는 걷는 동선 속에서 자연스럽게 국내외 유명 작가의 작품을 접할 수 있도록 구성됐다.

흥국생명빌딩에는 작가 조나단 보로프스키의 '해머링 맨'을 비롯해 1층 로비에 강익중의 '2010 아름다운 강산'(2010), 프레 일겐의 '당신의 긴 여행'(2008), 게오르그 바젤리츠의 '뭑팔'(2014), 프랭크 스텔라의 '아르파치야'(2002), 백남준, 로메로 브리토, 줄리안 오피의 작품 등이 상설 전시돼 있다.

세화미술관은 전시 외에도 소장품 해설 프로그램인 세화아트투어를 제공하며, 매월 마지막 주 수요일에는 관람객의 접근성을 확대하고자 수어 해설 프로그램도 진행하고 있다.

법첩으로 펴낸 한국 서예의 정수

세화예술문화재단은 시각 예술뿐만 아니라 전통 예술에도 깊은 관심을 기울여 왔다. 2013년, 예술의전당과 함께 진행한 한국서예국보급법첩발간이 그 대표적 사례다.

"중국과 일본에서는 이미 20세기 초부터 자국의 서예 유물을 법첩으로 제작해 온 반면, 우리나라는 국보·보물급 서체조차 체계적으로 정리된 적이 없었습니다." 당시 태광그룹 관계자의 말이다.

법첩은 옛 선인들의 뛰어난 필적을 익히고 감상하기 위해 만들어진 서책 형식의 자료를 말한다. 이 사업은 태광그룹이 창립 63주년을 맞아 고구려 광개토대왕비문부터 조선 추사 김정희의 글씨까지 역사적으로 의미 있는 서체 15선을 선정, 3년에 걸쳐 해마다 5권씩 복원·출간하는 프로젝트였다. 굳이 박물관에 가지 않고도 고전 서예의 정수를 마주할 수 있게 되면서 '예술의 대중화', 즉 예술을 보다 가까이에서 누릴 수 있도록 하려는 재단 철학이 현실로 구현됐다.

2018년 10월, 세화예술문화재단은 문화재청(현 국가유산청) 후원으로 예술의전당과 함께 '서예명적 법첩' 15권을 완간했다. 세화예술문화재단 측은 "이번 발간 사업을 통해 한국 서예의 독창성과 우수성을 국내외 널리 알릴 수 있는 기회가 마련됐다는 데 큰 의미가 있다"고 설명했다.

이선애 세화예술문화재단 초대 이사장

2015년 11월, '전통이 미래다: 제2회 한국서예명적 발간 기념전'이 서울 종로구 일주&선화갤러리에서 열렸다. 국보급 서예 명적을 복원한 탁본과 필사첩을 선보이며, 한국 서예의 위상을 재조명했다.

음악에 물든 도시의 점심

태광그룹은 일주학술문화재단 및 세화미술관과 함께 음악을 통해 귀로 전하는 감동에도 주목하고 있다.

2024년 가을, 흥국생명빌딩 앞 '해머링 맨' 야외무대에서는 매주 목요일 점심시간마다 해머링맨가을음악회가 열렸다. '리코더 마스터' 남형주를 시작으로, 가야금 어윤석, 하모니카 이현명과 이윤석, 피아노 유예은이 릴레이 무대를 꾸몄다. 공연 시간은 오후 12시 30분부터 단 30분간. 관객은 대부분 근처 직장인과 시민이었다. 이들은 점심 도시락을 손에 든 채 잠시 걸음을 멈추고, 도심에 울려 퍼지는 청아한 선율에 귀를 기울였다.

2025년 4월에는 태광봄음악회가 이 또한 점심시간에 열렸다. 일주학술문화재단 장학생으로 구성된 일주오케스트라의 첫 공연도 흥국생명빌딩 로비에서 진행됐다. 서울대학교 작곡과를 졸업하고 노르웨이음악원에서 세계적 하모니시스트 지그문트 그로븐에게 사사한 이윤석이 음악감독을 맡았다. 태광그룹 관계자는 "식사 후 사무실로 돌아가는 길에, 로비에서 편안한 마음으로 음악을 즐길 수 있는 무대를 마련하고 싶었다"고 밝혔다.

일주오케스트라가 클래식과 국악을 넘나드는 앙상블을 선보이며 태광봄음악회의 피날레를 장식했다.

"광화문 빌딩 1층 로비와 3층에 위치한 세화미술관은 도시 한가운데 있다고 해도 과언이 아닙니다. 이러한 위치적 특성을 고려해 관람객에게 더욱 가까이 다가가기 위한 다양한 노력을 기울이고 있으며, 앞으로도 기업과 문화·예술의 매개자 역할을 강화해 나가겠습니다."

_세화미술관 관계자

독일, 스위스, 미국 등에 이어 일곱 번째로 설치된 작가 조나단 보로프스키의 '해머링 맨'(2002)은 22m의 크기로 세계에서 가장 큰 규모를 자랑한다. 노동자답게 토, 일, 공휴일에는 쉰다.

인재의 미래 밝히는 일주재단

일주학술문화재단은 '자원이 없는 나라일수록 인재를 키워야 한다'는 철학 아래, 이임용 선대회장이 1990년 설립한 장학 재단이다.

인문사회, 자연공학 계열 등의 인재가 부디 학업을 어려움 없이 이어 갈 수 있도록 등록금 전액 또는 생활비 장학금과 학업 보조금을 지원해 왔다. 일주학술문화재단 관계자는 "이 중 역대 예체능 장학생은 129명"이라며 "전공별로는 미술 66명, 음악 34명, 연극·영화 16명, 체육 9명, 무용 4명이다. 모두 다양한 분야에서 핵심적인 역할을 하고 있다"고 전했다.

'꼬마 모차르트'로 유명한 피아니스트 유예은은 지금도 꾸준히 연주자로서의 길을 걷고 있으며, 하모니시스트 이윤석은 지휘자 금난새와의 협연뿐 아니라 세계 하모니카 대회 한국인 최초 심사위원으로 위촉된 이력이 있다. 리코디스트 남형주는 과거 '유 퀴즈 온 더 블럭'에 출연해 연주 실력이 화제를 모았고, 현재 일본과 한국을 중심으로 활발한 공연 활동을 펼치고 있다.

일주학술문화재단은 앞으로도 '무주상보시' 정신, 아무런 대가 없이 베풀라는 철학을 바탕으로 인재 양성을 지속할 계획이다. 일주학술문화재단 관계자는 "장학생들이 경제적 걱정 없이 학업에 전념할 수 있도록 든든한 후원자가 되고자 한다"며 "각자의 분야에서 역량을 발휘하고, 그 결과 사회에 기여하는 인재로까지 성장할 수 있게 지원을 아끼지 않겠다"고 전했다.

리코디스트 남형주가 흥국생명빌딩 야외무대에서 열린 해머링맨가을음악회에서 연주를 선보이는 모습

세화미술관 소장품,
백남준 작가의 '로봇 차일드'(1989)

강익중 작가의 '2010 아름다운 강산'(2010)은 8,060개의 캔버스, 오브제 등이 조화를 이루는 대형 설치 작품. 현재 흥국생명빌딩 로비에 자리하고 있다. 이 작품은 2000년 태광그룹 창립 50주년을 기념해 처음 7,500개의 캔버스로 구성돼 공개됐으며, 2010년에는 작가의 새로운 작업이 더해져 한층 풍성한 형태로 재구성됐다. 하나하나의 의미가 마치 비빔밥처럼 어우러지며 제목 그대로 '아름다운 강산'이라는 서사를 만들어 낸다.

광화문에 스민 영화의 시간

흥국생명빌딩 지하에 자리 잡은 씨네큐브는 문화체육관광부가 인증하는 서울 내 가장 큰 규모의 예술 영화 전용관이다. 2000년 12월 2일 개관. 2개관, 365석에서 연간 상영작의 90% 이상을 예술 영화로 편성하며 시네필의 두터운 사랑을 받고 있다.

특히 엄격한 관람 원칙으로 유명하다. 물 외에 팝콘과 콜라 등 음식물 반입이 금지돼 있고, 상영 시작 10분 후에는 입장이 불가한 곳이다. 영화 시작 전 따로 상업 광고가 없으며, 엔딩 크레디트가 모두 올라간 후에 상영관 조명이 켜지는 것도 특징이다.

이호진 전 태광그룹 회장이 건물 강당을 호암아트홀처럼 공연장으로 만들자고 제안한 것이 지금의 영화관으로 이어졌다는 후문이다. 티캐스트가 운영을 맡은 2009년 이후 수입·배급까지 직접 담당하며 작품성과 대중성을 겸비한 여러 영화를 소개해 왔다. 생전 박완서 작가도 씨네큐브를 자주 찾았다는 데서 이 영화관만의 정체성을 엿볼 수 있다.

티캐스트는 고레에다 히로카즈 감독의 주요작인 '그렇게 아버지가 된다'(2013), '바닷마을 다이어리'(2015), '어느 가족'(2018) 등을 국내에 수입·배급하며 예술 영화의 저변을 크게 넓혔고, 최근에는 빔 벤더스 감독의 '퍼펙트 데이즈'(2024)가 큰 인기를 끌었다.

앞으로의 청사진을 묻는 질문에 씨네큐브 관계자는 "태광그룹은 지난 25년간 씨네큐브를 통해 한국 영화 문화의 다양성 증진과 질적 성장에 기여해 왔다"고 자평했다. 이어 "최고의 프로그램과 최적의 관람 환경을 통해 관객이 가장 사랑하는 예술 영화관으로 한결같은 모습을 지키겠다"고 밝혔다. 일례로 씨네큐브는 지난 팬데믹 기간 관객수 급감에도 불구, 상영관 좌석을 리뉴얼하는 등 과감한 투자를 아끼지 않았다. 관객 의견을 적극적으로 반영해 좌석의 편의성을 높이고 시야 확보를 위한 단차 조정까지 완료했다.

배우 빌 나이 주연의 '리빙: 어떤 인생'(2023) 또한 티캐스트가 가져온 작품이었다. 사람 냄새가 나는 작품이면서 3040 여성 관객층에게 어필할 수 있는 작품, 또는 국내에 팬넘이 활성화된 영화인의 작품을 꾸준히 소개하고 있다.

씨네큐브 상영작 중 역대 최다 관객을 기록한 작품으로는 미카엘 하네케 감독의 '아무르'(2012)가 1위라는 답이 돌아왔다. '워낭소리'(2009), '마지막 4중주'(2013), '우리도 사랑일까'(2012), '그렇게 아버지가 된다'가 그 뒤를 이었다.

장애인과 비장애인이 함께 즐길 수 있는 배리어 프리 영화 상영회를 2024년 7월부터 매월 무료로 개최하며, 문화적 장벽을 허무는 데도 앞장서고 있다. '드림빌더'(7월), '그렇게 아버지가 된다'(8월, 11월), '세상의 모든 디저트: 러브 사라'(9월), '미나리'(10월), '리빙: 어떤 인생'(12월), '청설'(1월), '괴물'(2월), '나, 다니엘 블레이크'(3월), '남매의 여름밤'(4월) 순이다. 씨네큐브 관계자는 "배리어 프리 영화 상영은 장애인과 영화 사이에 놓인 벽을 허무는 작업"이라며 "씨네큐브는 장애 유무와 관계없이 누구든 예술 영화의 감동을 느낄 수 있도록 지속적으로 노력할 것"이라고 전했다.

씨네큐브 개관 25주년 기념 고레에다 히로카즈 특별전 '고레에다와 함께한 25년'(2025) 포스터

영화 '퍼펙트 데이즈'(2024) 포스터

씨네큐브가 개관 기념일을 맞아 2009년 12월부터 매년 개최하는 예술영화프리미어페스티벌은 아직 국내에 개봉되지 않은 해외 예술 영화를 가장 먼저 선보이는 기획전이다. 영화 팬들에게는 놓칠 수 없는 행사로 자리매김했다. 아카데미어워드 주요 후보작을 상영하는 또 다른 장기 기획전인 아카데미화제작열전도 있다. 이외 광화문행영화열차 기획전을 여는 등 2025년에도 다양한 영화적 시도를 계속하고 있다.

HD현대중공업

산업 도시 울산
문화·예술 허브

HD현대중공업

이름을 바꾸는 데는 종종 용기가 필요하다.

간판 하나를 바꾸는 것에 그치지 않는다. 지나온 시간을 담담히 마주하고, 앞으로 나아갈 방향을 새로 새기는 일이기 때문이다.

지역 작가를 조명한 전시부터, 예술 단체에 대한 꾸준한 후원, 세계적 거장의 무대와 일상 속 음악회까지. 영감의 근원지이자 하루의 쉼표였던 이 공간은 지역과 사람을 이어 온 울산 문화·예술의 허브였다.

그런 현대예술관이 2025년 봄, HD아트센터로 새롭게 문을 열었다. HD현대그룹의 이름을 따랐지만, 단순 개명만은 아니다.

조선업이 부활하고 예술 역시 다시 활력을 얻고 있다. 긴 침체기를 지나온 울산의 궤적과 맞물려, 이 공간 역시 새로운 전환점에 서 있다.

산업 도시 한복판에서 예술의 불씨를 지켜 온 지 약 30년. 이제는 새 이름과 함께 더 많은 사람에게 그 불씨를 건네려 한다.

품격 있는 일상과 누구에게나 열린 예술.

HD아트센터는 그 변함없는 신념에 붙은 이름이다.

울산 미술
진흥에 힘쓴
HD아트센터

한국경제인협회에 따르면 기업의 문화·예술 공헌은 재단 설립과 이에 따른 문화 시설 건립에서 시작된다. 울산 동구 서부동에 위치한 HD아트센터는 1998년 6월 개관한 문화·체육 시설이다. 2025년 개관 28년째를 맞은 이 시설은 지금껏 여러 수준 높은 콘서트를 개최 및 유치하며 산업 도시 울산에 예술의 꽃을 피웠다.

먼저 미술관에서는 피렌체 판화 113점이 전시된 '유토피아-이탈리아 판화 400년'전(2007)이 당시 지방 도시 최다 관객인 2만 7,000명을 유치하는 쾌거를 이뤘다. 삶과 자연을 주제로 한 사진전 '내셔널 지오그래픽'(2010)도 2만 6,000명의 유료 관객을 모았다.

다른 전시도 평균 1만명대의 관객이 전시를 관람하는 것으로 알려졌다. 2000년부터 열린 우수작가초대전은 울산 출신이거나 울산을 기반으로 하는 작가의 작품을 소개하는 HD아트센터만의 기획전이다. 현재는 울산 작가뿐 아니라 전국 유명 작가와의 교류를 주선하는 쪽으로 전시 내용이 진일보했다.

주변 기관과의 연계도 눈여겨볼 만하다. 울산 동구청 및 동구문화원과 문화·예술 진흥 업무협약(MOU)을 맺고, 동구 옛 명덕·미포마을을 재조명한 '산마루골 당산나무'전(2022)을 열기도 했다.

HD아트센터 외관

소프라노 조수미도 극찬한 공연장

1972년 3월, 어촌 마을인 울산 동구 미포만에 조선소 기공의 첫 삽을 떴다. HD현대중공업은 향토 기업으로서 기업 이윤을 사회에 환원한다는 아산 정주영 명예회장의 정신을 계승, 허허벌판이던 본사 주변에 여러 인프라를 구축했다. 이 중에는 당연히 문화 시설도 포함됐다.

문화·예술 분야에 대한 계속된 투자에 1991년 한마음회관 및 미포회관, 1994년 동부회관과 동부2관, 1995년 서부회관, 1997년 대송회관 그리고 1998년 현대예술관에 이르기까지 총 7개의 회관이 건립됐다. 건립 비용만 700억여 원. 수도권이 아닌 지역 특성상 과거 연간 150억원 이상이 인프라 조성 및 시설 운영 등에 투자됐다. 이같은 문화 나눔은 지역의 문화적 토양을 다지는 동시에 울산이 문화의 도시로 변화하는 데 마중물 역할을 했다.

HD아트센터 대공연장은 지름 8m의 회전 무대와 4개의 측면 이동 무대 시스템을 갖춘 복합 공연장이다. 최신 음향 설비와 우수한 잔향 성능으로 다양한 장르의 공연을 안정적으로 수용한다. 소리의 여운이 자연스럽게 이어지는 이상적 음향 환경을 구현해 국내외 아티스트들로부터 '다시 서고 싶은 무대'라는 찬사를 받는다.

바이올리니스트 사라 장·정경화, 첼리스트 미샤 마이스키·요요 마, 비올리스트 이마이 노부코, 피아니스트 구라모토 유키·마리아 조앙 피레스·백건우·서혜경·조성진, 성악가 신영옥·조수미·캐슬린 김·홍혜경 등이 대공연장(964석)을 다녀갔다. 무엇보다 실내 음향 효과인 잔향(殘響)이 좋아 소프라노 조수미가 '또 서고 싶은 무대'라는 극찬을 했다고 전해진다.

소공연장은 무대와 객석 사이 거리가 1.5m에 불과한 밀착형 구조로, 관객과의 교감을 극대화할 수 있도록 설계됐다. 대학로 소극장 인기 작품을 비롯해 지역 예술 단체 공연, 시민 대상 프로그램이 이곳에서 열린다. 독일 지멘스사의 디지털 디머, 방송국용 특수 조명, 고출력 음향 시스템을 갖춰 연극, 낭독, 소규모 음악회 등 다양한 공연을 안정적으로 지원한다.

예술 단체 지원으로 지역 문화 이끌어

전시·공연뿐만 아니라 예술 단체 지원에도 열중했다. 울산대학교와 협약을 맺어 2007년 창단된 USP챔버오케스트라가 대표적 예다. 기업이 지원하는 국내 최초 대학 오케스트라로 화제였다.

HD아트센터 관계자는 "지원만 19년째고 메세나의 바람직한 상(像)이라는 인정도 받았다"며 "정기적으로 봄과 겨울 연 2회 연주회를 연다"고 말했다. 이밖에 HD아트센터는 울산 유일의 아마추어 직장인 오케스트라인 울산현대필하모닉오케스트라와, 울산동구여성합창단·울산남성합창단·현대청소년오케스트라에도 연습 장소와 무대를 제공하고 있다.

'문화를 나누자'는 뜻에서 주택가와 학교, 병원 등 문화 소외 계층을 대상으로 한 찾아가는음악회와 산업 현장에서 생산 근로자와의 접점을 찾는 현장콘서트도 2002년부터 개최하고 있다.

울산에 사는 아마추어 연주자들에게 간이 무대를 제공하는 로비음악회는 2001년 처음 시작됐다. 연주 기회가 부족한 지역 음악가나 단체에 아트센터 1층 로비를 무대로 내놓는 형식이다.

2024년 11월, 로비음악회 1,000회 기념 공연이 열렸다. 2001년 첫 회에 출연했던 울산 동구 유일의 초등학생 오케스트라 서부관악부가 다시 무대에 올라 축하 연주를 펼쳤다.

HD현대중공업은 한국메세나협회 기업의 문화·예술 지원 현황 조사에서 2004년부터 2008년까지, 2011년과 2012년, 2013년에 문화·예술 지원 기업 1위에 올랐고, 아울러 2016년까지 2위 아래로 내려간 적이 없다. 직영 아트센터를 운영하며 울산 문화 발전에 공헌한 노고를 인정받아 2007년 제8회 메세나대상 시상식에서 대상을 받기도 했다.

울산현대필하모닉오케스트라는 2013년부터 HD아트센터 상주 단체로 활동하고 있다.

HD현대중공업이 기획·제작한 뮤지컬 '조선의 뚜야'는 가상의 나라 랑바끄에서 온 외국인 뚜야가 울산 한 조선소에 취업하며 겪는 코리안 드림을 그린 작품이다. 초연에는 HD현대 울산 그룹사 임직원 1,000여 명이, 재연에는 협력사 임직원과 동구민 900여 명이 공연을 관람했다. 모두 무료 관람으로 진행됐다.

어려움
속에서도
예술은
계속된다

울산에 늘 훈풍이 분 건 아니었다. 기반이 제조업인 만큼 도시에도 부침이 있었다. 회사 부채 비율을 100% 미만으로 낮추려 회관들이 하나둘 문을 닫거나 매각이 검토됐다. 이른바 경영 합리화 작업과 일부 비효율적인 복지 시설의 처분이었다.

한마음회관마저 울산대학교 의과대학 건물인 아산의학관으로 바뀌면서, HD아트센터만이 동구 문화·예술을 책임지는 상황. HD현대중공업의 문화·예술 지원 순위도 2017년 5위에서 2018년 3위로 회복하더니, 2019년 6위, 2020년 8위, 2021년과 2022년 13위를 기록했다. 하지만 그 먹구름이 걷히고, 이제 해 뜰 날이 오는 모양새다. 지난 10년의 불황이 끝나고 조선업에 초호황기가 돌아왔다는 해석이 잇따르면서다. 메세나 순위 역시 2023년과 2024년 11위로 소폭 상승했다.

2025년 상반기 HD아트센터는 세계 3대 오케스트라로 꼽히는 빈-베를린체임버오케스트라의 무대를 시작으로 수준 높은 공연과 전시를 연이어 선보였다.

바이올리니스트 양인모가 울산 무대에 처음 올라 완벽한 기교와 섬세한 해석을 펼쳤다. 유니버설발레단은 낭만 발레의 정수를 담은 대표작 '지젤'을 선보이며 긴 여운을 남겼다.

2024년 10월, 현대예술관과 울산동구장애인복지관이 주최·주관한 '우수작가초대전: 눈부신 우리들의 나날들'이 현대예술관 미술관에서 개막했다. HD현대1%나눔재단이 700여만원의 후원금을 전달했다.

'사라 장 바이올린 리사이틀'(2024) 포스터

싱어송라이터 윤종신의 단독 콘서트, 인기 그림책이 원작인 어린이 뮤지컬 '바다 100층짜리 집' 등도 무대에 올라 다채로운 레퍼토리가 관객의 눈과 귀를 사로잡았다. 또한 HD현대그룹 임직원과 가족이 참여한 제3회 HD현대가족초대작품전도 진행돼 안전을 주제로 출품된 67점의 작품을 소개했다.

지난 15년여간 HD아트센터의 전시와 공연 등을 담당한 한 관계자는 "문화와 예술은 사람의 마음을 풍요롭게 한다. 그 울림이 더 많은 사람의 일상에서 닿기를 바라는 마음으로, 모든 직원이 책임감을 갖고 노력하고 있다"고 말했다. 크고 대단한 예술이 아닌, 일상 속 예술. 삶과 사회를 치유하는 예술. 울산 동구 조선소 옆에는 아트센터가 있다. 봄이 왔으니 다시 꽃망울이 필 차례다.

제3회 HD현대가족초대작품전(2025) 포스터

아산 정주영 명예회장이 1983년 10월 울산조선소에서 5m 높이 작업용 타워에 올라가 선박 프로펠러를 검사하고 있던 한 직원과 대화하고 있다. "가난하고 병든 사람을 돕는 것이 나의 오랜 소망"이라는 꿈도 들려줬다.

HD현대중공업 울산조선소 독에서 초대형 골리앗 크레인이 선박 건조 작업을 하고 있다.

AMOREPACIFIC

사람을 아름답게
세상을 아름답게

아모레퍼시픽그룹

건축도 예술이 될 수 있을까? 예술은 건축이 될 수 있지 않을까? 이 상응이 선문답처럼 느껴진다면, 서울 용산구 아모레퍼시픽그룹 신사옥은 그 질의의 해답일 수 있는 건물이겠다.

2018년 새로 건물이 지어지면서 그룹의 정체성이 된 보물 제1441호 백자대호는 아모레퍼시픽미술관(APMA)의 주요 소장품이자 신사옥의 모티브다.

이 유물은 18세기 전반 경기도 광주 금사리에 위치한 조선 왕실 관요에서 제작됐으며, 부드러운 곡선과 바탕색이 둥근 보름달을 닮았다. 그래서 국가유산청이 지정한 공식 명칭도 '백자 달항아리'다. 몸체의 위, 아래를 따로 제작해 이어 붙이는데, 그렇지만 대칭과 뛰어난 안정감이 돋보여 백자의 대표 격으로 불린다.

건축가 데이비드 치퍼필드가 아모레퍼시픽그룹 본사만의 특이성을 표현하려 백자대호를 택한 것이 우연이 아닌 이유다.

화장품 기업을
예술 요람으로

아모레퍼시픽미술관은 절제와 순백의 이 건물 지하 1층에 위치해 있다. 규모는 3,300㎡(약 1000 평)에 이른다. 전 세계 미술의 과거와 현재, 그리고 미래를 아우르는 다채로운 기획전이 펼쳐지는 이곳의 뿌리는 장원 서성환 선대회장이 수집한 미술품을 전시한 태평양박물관이다. 1979년 개관한 이 박물관을 시작으로 2005년 디아모레뮤지움을 거쳐 2009년 지금의 아모레퍼시픽미술관으로 이름이 굳어졌다.

개막전인 'APMA, 더 비기닝'전(2018)부터 그간 '라파엘 로자노헤머: 디시전 포레스트'(2018), '조선, 병풍의 나라'(2018), '바바라 크루거: 포에버'(2019), '메리 코스: 빛을 담은 회화'(2021), '안드레아스 거스키'(2022), '조선, 병풍의 나라 2'(2023), '로렌스 위너: 언더 더 선'(2023), '엘름그린 & 드라그셋: 스페이스'(2024) 등 여러 전시가 기획됐다. 아모레퍼시픽미술관 측은 이 중 안드레아스 거스키의 개인전과 병풍의 가치를 재발견한 '조선, 병풍의 나라' 시리즈가 각 장르에서 가장 인기가 좋았다며, 다만 누적 관람객수 등 수치상의 기록은 공유가 불가능하다고 밝혔다.

2025년 상반기에는 아모레퍼시픽 창립 80주년을 기념해 고미술 기획전 '조선민화전'을 개최했다. 아모레퍼시픽미술관이 새롭게 수집한 작품과 기존에 실물을 감상하기 힘들었던 작품 등 20개 기관, 개인 소장 작품 100여 점을 선보였다.

아모레퍼시픽미술관 소장품 '백자대호'(18세기)

백자대호 조선18세기

현대 미술 프로젝트 ap맵은 역량 있는 국내 신진 작가를 발굴해 공공 미술 활성화와 현대 미술 융성에 공헌하려 2013년부터 전개됐다.

2022년 열린 'ap맵 리뷰'는 지난 7차례의 전시를 결산하는 기획전이자 용산 아모레퍼시픽미술관 첫 한국 작가 단체전으로 꾸며져 환경, 인공지능(AI) 등 최신 이슈부터 자전적 경험까지 여러 주제를 다양한 장르로 선보였다. ap맵은 파트 1과 파트 2가 각각 4년간 아모레퍼시픽 연관 장소 및 제주도에서 개최됐고, 앞으로 파트 3가 계속될 계획이다.

아모레퍼시픽미술관 소장품 규모는 전체 1만여 점으로 추정된다. 고미술 컬렉션은 초창기에는 장신구와 합(盒), 다구를 포함함 공예품이 대개였으나, 이제는 선사 시대부터 근대에 제작된 것까지 전 시대를 아우르고 있다. 또 금속 및 목공예·도자기·복식·서화 등 장르도 다채롭게 구성돼 있다. 회사가 사업을 해외로 확장함에 따라 현대 미술도 현재는 아시아에 북미와 유럽까지 다양한 국가와 문화를 배경으로 컬렉션을 갖췄다.

다른 기업과 다르게, 미술관이 서경배 아모레퍼시픽그룹 대표이사 회장 직속 조직으로 소속된 것도 특징이다. 창업주의 차남이자 미술에 조예가 깊은 서경배 회장은 만일 기업인이 안 됐다면 미술평론가가 됐을 것이라고 토로한다. 그럼에도 미술관 운영에 관여하지 않고 소장품 구입도 내외부 추천과 회의로 이뤄진다고 알려졌다.

아모레퍼시픽그룹 본사 외관

2024년, 서경배 회장은 미술 전문지 아트뉴스가 선정한 그해 세계 200대 미술품 수집가에도 이름을 올렸다. 서 회장이 이 명단에 포함된 것은 2015년, 2016년, 2022년, 2023년에 이어 이번이 다섯 번째다. 아모레퍼시픽그룹 관계자는 "아모레퍼시픽미술관은 우리나라와 세계의 미술 문화 발전에 기여하겠다는 목표를 지향하고 있다"며 "우리의 미술을 국내외에 널리 알리고 해외 미술의 새로운 경향을 소개하며 연구 및 지원하는 일련의 활동을 지속하겠다"고 말했다.

그룹의 꿈과 비전이 담긴 테라스 정원

아모레퍼시픽미술관 소장품, 작가 올라퍼 엘리아슨 '오버디프닝'(2018)

아모레퍼시픽미술관 1층 입구

아모레퍼시픽미술관 소장품 특별전 'APMA, 챕터 3'(2021) 전경. 이불의 초기 대표작으로 손꼽히는 '사이보그 W7'(2000)과 독일 건축가 브루노 타우트의 작업에서 영감받은 '스턴바우 No. 29'(2010) 등을 함께 전시, 시간에 따라 확장된 작가의 창작 세계를 선명히 드러냈다.

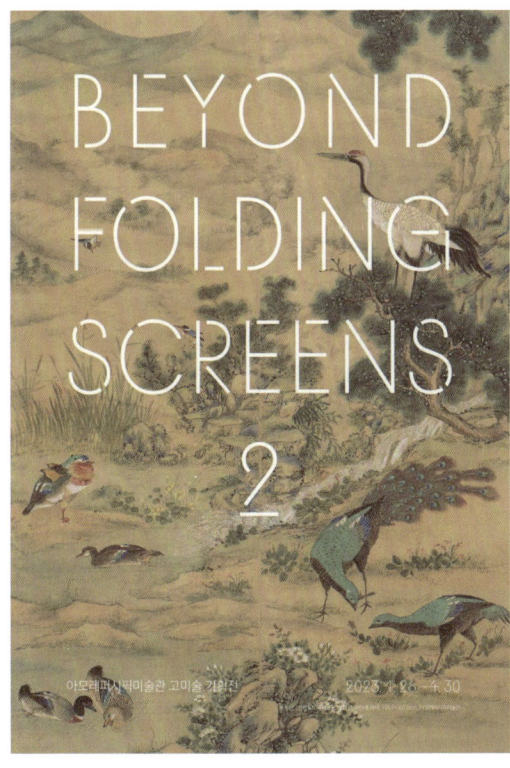

아모레퍼시픽미술관 '조선, 병풍의 나라 2'전(2023) 포스터

아모레퍼시픽미술관 '조선민화전'(2025) 포스터

학술 재단도
메세나 합류
대중에
더 가까이

1973년 설립된 아모레퍼시픽재단도 있다. 학술 연구 재단인 이 재단은 인재 육성이라는 사회적 책무를 수행하고 더 나은 세상을 만드는 것을 목표로 사업 및 연구를 지원하고 있다.

2023년에는 재단 설립 50주년을 맞아 몇몇 문화·예술 기획도 진행했다. 세종문화회관과의 공공 예술 프로젝트인 '희망의 빛 1332'는 수거된 화장품 공병 1,332개와 발광다이오드(LED)로 만든 높이 8.3m의 대형 트리다. 관람객들이 손을 맞잡는 동작을 인식, 빛을 점등하는 관객 참여형 미디어 아트전이었다.

아모레퍼시픽과 아모레퍼시픽재단의 협업도 활발하다. 2023년 10월 열린 '물의 자리, 돌 풀 바람'전은 재단 연구 사업 '아시아의 미'를 통해 출판된 24권의 총서 중 '물과 아시아의 미' '풍경으로 본 동아시아 정원의 미' '산수화가 만든 세계'에서 소재를 일부 착안해 전시를 기획했다. 발간 도서의 발췌뿐 아니라 아모레퍼시픽 연구소 미생물 자료 이미지, 제주 오설록 차밭에서 직접 수집한 풍경 및 소리로 작품을 완성했다.

아모레퍼시픽재단이 설립 50주년을 기념해 '물의 자리, 돌 풀 바람'전(2023)을 아모레 부산에서 진행했다.

2024년 6월, 아모레퍼시픽미술관이 국립고궁박물관, 경기도자박물관, 미국 클리블랜드미술관, 덴버미술관과 조선 왕실 유산 프로젝트 업무협약(MOU)을 체결했다.

아모레퍼시픽재단 관계자는 "그동안 학술계에 쌓아 온 성과를 기반으로 2023년부터 본격적인 문화·예술 프로젝트를 이어 가고 있다. 그 문화·예술로 대중에게 더 가까이 다가갈 것"이라고 전했다.

아름다움과 건강으로 인류에 공헌하겠다는 창업 정신과 '사람을 아름답게, 세상을 아름답게'라는 소명으로 아모레퍼시픽은 앞으로도 한국의 문화·예술 후원을 지속할 전망이다. 한국 메세나협회는 아모레퍼시픽그룹의 메세나에 관해 "전통과 현대의 공존이 목표인, 문화·예술을 매개로 교감하는 기업"이라고 촌평했다.

HYOSUNG

HS HYOSUNG

동행과 나눔
가치 또 같이

효성, HS효성그룹

"안녕하세요. 저는 하피스트 곽연우입니다. 여러분에게 우리는 도움이 필요한 사람으로 보일지 모르겠어요. 하지만 그래도 누구보다도 행복한 삶이에요. 왜냐하면 우리에겐 멋진 꿈이 있거든요."

2024년 2월, 서울 마포구 마포아트센터에서 열린 '오은영의 토크 콘서트-동행'에서 중학생 연우 양은 이 답을 청중에게 또박또박 전했다.

효성그룹은 문화·예술 후원 사업인 컬처시리즈를 2024년까지 진행했다. 이날 공연에는 장애 여부를 떠나 음악으로 하나 되는 세상을 꿈꾸는 연주 단체인 가온솔로이스츠가 동행했다. 효성그룹 측은 "회사의 이념과 가온솔로이스츠의 이념, 평소 오은영 박사님의 사고(思考)가 삼박자로 맞아떨어졌다"고 전했다.

효성그룹은 사회적 약자 후원에 더해 취약 계층의 문화 지원에도 전력을 기울이는 기업이다. ▲서울장애예술창작센터 장애 예술인 지원 ▲배리어 프리 영화 제작 지원 ▲푸르메재단 지원 등 분야도 여러 가지다. ▲세계적 음악가와의 협업 ▲국가유산 보존 후원까지 효성그룹의 메세나는 예술의 폭과 깊이를 동시에 확장해 왔다.

이러한 공로를 인정받아 효성그룹 지주사 (주)효성은 2015년부터 10년째 문화·예술 후원 우수 기관에 선정됐다. 첫 인증 이후 2024년까지 자격이 연장된 기관은 (주)효성을 포함해 단 5곳뿐이다.

이제 조직은 하나에서 둘로 나뉘었다. 그러나 문화·예술을 향한 마음만큼은 나뉘지 않았다. 효성그룹에서 비롯된 후원의 맥은 인적 분할 이후에도 이어졌고, 이제 HS효성그룹이 그 흐름 위에 조용히 발을 딛는다. 컬처시리즈 또한 2025년부터 HS효성그룹이 명맥을 잇고 있다.

장애 문화·예술
지원으로
사회적 책임 실현

'수학여행' 화면 해설 녹음 중인 배우 안소희 / 사진=배리어프리영화위원회, BH엔터테인먼트

서울장애예술창작센터는 2007년 개관한 시각·예술 분야 장애 예술인 창작 스튜디오다. 2018년부터 효성그룹은 장애 예술의 가치 확산을 위해 서울문화재단과 업무협약(MOU)을 맺고 센터에 창작 지원비와 전시 비용 등을 후원금으로 전달 중이다. 이에 2020년, 시가 선정한 민관 협력 우수 기관에 선정돼 서울특별시장 표창을 받았다. 2023년 10월에는 제72회 서울특별시문화상 시상식에서 문화·예술 부문서 상을 받았다.

역대 입주 작가 중에는 발달 장애 화가이자 배우인 정은혜와 용산 대통령실 벽에 그림을 건 발달 장애 화가 김현우 등이 있다. 신종코로나바이러스감염증(코로나19) 확산 때에도 지원은 멈추지 않았다. 당시 서울문화재단 대표이사는 "지속적으로 장애 예술가의 창작 활동을 지원하는 효성이 큰 도움이 된다"는 말로 감사를 표했다.

효성과함께하는올해의작가도 2020년 신설했다. 한 해 동안 주목할 만한 작업을 펼친 장애 예술인을 선정하는 상이다. 2023년도 수상자로는 장애를 또 다른 창작의 가능성으로 이해했으며 본인만의 방식으로 소리를 시각화했다고 평가받은 이진솔 작가가 선정됐다.

효성은 배리어프리영화위원회와 함께 2017년 '빌리 엘리어트'를 시작으로 '미래의 미라이'(2019), '남매의 여름밤'(2021), '우리들'(2022), '수학여행'(2023) '룸 쉐어링'(2024) 등 8년간 총 15편의 영화를 시청각 장애인용으로 재제작했다. 처음에는 최대 1,000만원의 사업비를 지원했으나, 이듬해부터 이 액수는 2,000만원까지 늘어났다.

배리어 프리란 시각 혹은 청각에 장애가 있는 고령자나 장애인도 영화를 즐길 수 있도록 돕는 사업이다. 2018년에는 한국영상자료원에서 열린 제8회 서울배리어프리영화제 개막식에서 감사패를 받기도 했다.

효성에만 있는 컬처시리즈

효성 메세나 및 장애인 재능 계발의 시초인 온누리사랑챔버오케스트라 후원은 2014년부터 지속됐다. 발달·지적 장애 아동과 청소년으로 구성된 이 오케스트라는 과거 효성나눔봉사단장이었던 조현상 HS효성그룹 부회장이 직접 발굴 및 제안한 단체다. 효성그룹은 연주회와 악기 및 단복 구매비, 장학금 등 여러 부문을 후원해 왔다. 2025년부터는 HS효성그룹으로 사업이 이관됐다.

당시 협약식에서 조현상 부회장은 "지속 가능한 사회 공헌 활동으로 명실상부 글로벌 일류 기업으로 도약하겠다"며 "앞으로 효성만의 특화된 사회 공헌 프로그램을 개발할 계획"이라고 말했다.

효성그룹은 컬처시리즈의 일환으로 2014년·2016년·2018년·2023년 4차례에 걸쳐 이들과 중국계 미국인 첼리스트 요요 마의 만남을 주선했다. 이 수업은 조현상 부회장이 아내인 비올리스트 김유영 씨와 요요 마 간의 인연을 바탕으로, 2010년 처음 티칭 클래스를 제안하며 시작됐다.

2010년 4월, 예술의전당에서 열린 음악 교실에서 첼리스트 요요 마가 부산소년의집오케스트라 단원들에게 직접 연주 지도를 하고 있다. 효성그룹 후원으로 마련된 이 자리는 첫 컬처시리즈인 요요마와실크로드앙상블 초청 공연에 앞서 열렸으며, 음악가를 꿈꾸는 청소년들에게 뜻깊은 배움과 교감의 시간을 선사했다.

아이들이 음악에 대한 열정을 잃지 않고 더 성장하라는 뜻에서 마련한 자리였다. 단원들은 요요 마와 그가 이끄는 실크로드앙상블 단원에게 직접 연주 지도를 받고, 본 공연도 관람하는 수업을 가졌다.

예상외의 성과도 있었다. 그중에는 첼로와 바이올린으로 실제로 음악 대학에 진학한 학생도 있다고 효성그룹 측은 전했다.

장애인의 재활과 자립을 뒷받침하는 비영리 공익 재단인 푸르메재단과는 효성그룹이 치료비를 지원하는 장애 아동·청소년과 그 가족 등을 초대해 2015년부터 2023년까지 푸르메작은음악회를 열었다. 지역 주민에게도 장애인 공연 관람 기회를 제공해 장애인 인식 개선에 목적을 둔 행사였다.

"앞으로도 비전을 제시하는 문화·예술 후원 활동으로 더 많은 사람이 문화·예술을 접하고, 그 감동을 함께 나누며, 작은 변화의 씨앗을 퍼뜨려 나가는 데에 힘을 보태겠습니다." _조현상 효성나눔봉사단장(현 HS효성가치또깊이봉사단장)

2023 푸르메작은음악회에는 장애 어린이와 청소년, 그 가족, 지역 주민까지 100여 명이 초대됐다. 서울시립 발달장애인복지관 어울누리합창단의 합창 공연을 비롯해 발달 장애인 보컬리스트 엄지연의 공연, 발달 장애인 연주자 이인혁의 하모니카 공연 등 다양한 프로그램이 펼쳐졌다.

국가유산
정화와 보존

아름지기 집행위원으로 활동 중인 조현준 효성그룹 회장의 관심을 토대로 국가유산에도 그룹의 역량을 집중하고 있다.

조현준 회장은 이탈리아 바티칸미술관 복구 작업에 참여할 만큼 예술에 대한 열정이 깊은 것으로 알려져 있다. 학창 시절에는 건축학과 교수를 꿈꾸기도 했다. 평소 그는 "지속적인 후원을 통해 많은 시민이 문화·예술을 가까이 접하고, 감동도 함께 나누는 사회를 만들고 싶다"고 말해 왔다. 이에 임직원이 20여 년간 환경·문화 지킴이로 창덕궁, 덕수궁 등 고궁 정화 활동에 나서고 있다.

효성그룹은 국가유산청과 협약을 맺고 창덕궁 희정당과 대조전의 내부 보존·관리 등을 위해 4억 9,500만원을 후원했다. 2021년에는 복구 프로젝트를 진행한 노고를 인정받고 국가유산 사회 공헌 우수 기업에 지정됐다.

2018년, 효성그룹은 아름지기·문화재청(현 국가유산청)과 함께 창덕궁 희정당과 대조전 일원의 전등 복원 사업을 추진했다. 사진은 전통 매듭과 직물을 활용해 원형에 가깝게 복원된 대조전 내 샹들리에의 모습. 궁궐 샹들리에 복원으로는 첫 사례였던 이 사업은 전기안전법을 충족하는 설계와 제작 과정을 거쳤다.

희망과 조화 함께 멀리

오은영 박사와 가온솔로이스츠를 향한 박수가 멎고, 콘서트 끝 곡으로 '거위의 꿈'이 선곡됐다. 주위의 조소와 현실의 벽에 굴하지 않겠다는 각오가 대중에 크게 유행한 노래다. 이번 콘서트를 연 이유로 오은영 박사는 장애 예술의 본질인 희망과 조화(調和)를 화두로 꺼냈다.

발달 장애인이 그가 사회 구성원이 될 수 있다는 희망을 품고 비장애인과 곡을 연주하는 것과, 관객 역시 이에 '동행'하는 마음으로 협조하는 것이 곧 조화로운 삶의 시작이라고 오은영 박사는 말한다.

'나눔으로 함께하겠습니다'란 사회 공헌 슬로건 아래, 효성그룹은 수혜자의 자립을 궁극적 목표로 삼고 꾸준한 나눔을 실천하고 있다. 과거 조현준 회장은 "기업은 이윤 추구뿐 아니라 사회 구성원으로서 더불어 살기 좋은 세상을 만드는 데 기여해야 한다"고 강조한 바 있다. "혼자 가면 빨리 가지만, 함께 가면 멀리 간다"는 효성그룹 경영진의 신조기도 하다.

컬처시리즈 여덟 번째 프로그램은 '오은영의 토크 콘서트-동행'(2024)으로 꾸며졌다. 장애인과 비장애인이 함께 살아가는 삶을 주제로, 공감과 연대의 메시지를 전하는 자리였다. 오은영 박사가 800여 명 관객 앞에서 고민을 직접 듣고 답하며 진솔한 소통을 이어 갔다. 이어 가온솔로이스츠는 영화 '오즈의 마법사'의 사운드트랙 '오버 더 레인보우' 등을 연주해 현장에 깊은 울림을 전했다. / 사진=인아츠프로덕션

HS효성
가치
또 같이

2024년 7월, 효성그룹은 인적 분할을 단행해 조현상 부회장이 이끄는 새 지주사 HS효성을 출범시켰다. HS효성그룹은 '가치 또 같이'를 슬로건으로 내세우며 다양성과 포용의 가치를 문화·예술 후원에 반영하고 있다. 조현상 부회장의 제안에서 비롯된 것으로, 그룹은 앞으로 이를 중심에 두고 메세나를 이어 갈 방침이다.

2025년 4월에는 장애인의 날을 맞아 예술의전당 IBK기업은행챔버홀에서 열린 가온솔로이스츠 제5회 정기 연주회 '기쁨의 노래'를 후원했다. 코렐리와 베토벤, 드보르자크, 차이콥스키의 고전은 물론, 볼컴과 홀스트 등 20세기 작곡가의 선율까지 피아니스트 김기경의 손을 거쳐 새롭게 편곡됐다. 가온솔로이스츠 특유의 유연하면서 실험적인 편성도 그 변화에 섬세한 균형을 더했다. 특히 청각장애인 발레리나 고아라가 무대에 오른 순간, 음악은 소리가 아니라 감각이라는 사실이 객석에 고요한 전율을 안겼다. 조현상 부회장은 "장애인의 삶을 풍요롭게 하고, 예술을 통해 모두가 어울릴 수 있는 사회를 만들기 위해 다양한 사회 공헌 활동을 지속적으로 이어 나갈 계획"이라고 밝혔다.

조직 내 문화 가치 공유로는 컬처투게더시리즈를 진행하고 있다. 2024년에는 가수 싸이, 이적의 콘서트와 국립발레단 '호두까기인형' 공연에 임직원 115명을 초청했다. 2025년에는 총 4번의 시리즈를 진행할 예정이며, 콘서트, 발레 공연 등 다양한 문화 체험을 계획 중이다. HS효성첨단소재 등 HS효성그룹사 임직원 200여 명을 초대해 문화를 통한 소통을 도모할 예정이다. 한 임직원은 "바쁜 직장 생활 속에서 리프레시할 수 있는 기회가 생겨 설렌다"며 "앞으로도 다양한 연령대의 임직원, 가족들이 동참할 수 있으면 좋겠다"고 전했다.

2025년 4월, 가온솔로이스츠가 예술의전당 IBK기업은행챔버홀에서 열린 '기쁨의 노래'에서 연주를 선보이고 있다. / 사진=가온솔로이스츠

즐거움으로 연결되는
세상 만들기

엔씨소프트

게임 기업이라고 메세나 역시 이쪽에만 쏠릴 것이라 예상했다면, 큰 오산이다.

2020년 엔씨소프트는 회사의 미션 스테이트먼트, 즉 사명(使命)을 12년 만에 '푸시, 플레이'로 바꿨다. 여기서 푸시는 '뛰어넘다'를, 플레이는 '상상하다'를 뜻한다. 도전 정신으로 기술의 혁신을 이루고 상상력으로 사용자 경험을 새롭게 하겠다는 결의가 이 안에 담겼다.

이처럼 도전과 상상으로 고객에게 즐거움을 선사하겠다는 의지의 엔씨소프트는 문화·예술계에서도 새로운 리브랜딩을 실현 중이다.

픽셀 너머
상상이 춤춘다

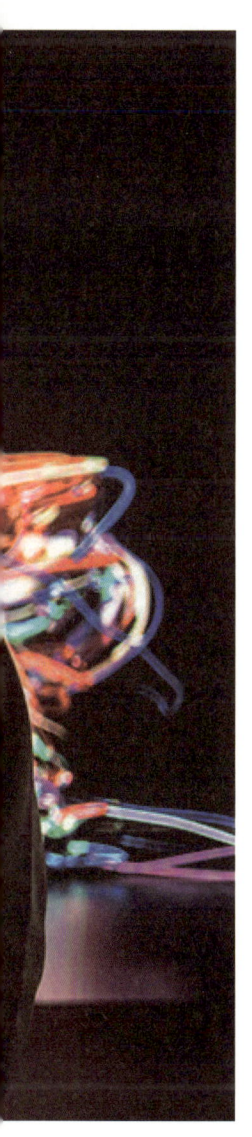

창사 이래 엔씨소프트는 '즐거움은 무엇이며 어디서 오는 것인가?'라는 명제에 해답을 추구했다. 이것이 NC아트플레이, NC툰플레이, NC픽션플레이, NC타이프플레이로 구성된 NC플레이가 시작된 배경이다. 이 프로젝트는 게임이 다른 문화 장르를 만나 어떤 외연으로 확장될지를 선보이고, 이를 바탕으로 무한한 상상력과 즐거움을 제시하는 작업이다.

먼저 NC아트플레이에서는 양민하 작가와의 컬래버레이션을 통해 게임의 문화적 환경을 탐구했다. 게임이라는 복잡성에 대한 호기심에서 출발, 이것을 가상과 현실이 연결된 일종의 문화 개념으로 바라봤다. 수십억 개 게임 데이터로 완성된 미디어 아트 '차원의 혼합'(2020)에 관해 양 작가는 게이머와 게이머 간의 관계성과 상호 작용, 그 강한 체결력에 집중했다고 결과물을 소개했다.

엔씨소프트 게임 속 보조캐릭터(NPC)를 조명한 NC툰플레이는 최현주 작가와 브랜드 웹툰 '디 오버레이'(2021)를 탄생시켰다. 에피소드마다 주인공과 비주인공이 서로 교차해 영향을 주고받는 것이 특징인 작품이다. 모든 이야기에는 주인공뿐 아니라 그밖에 수많은 인물이 있고, 이로써 나의 삶을 열심히 사는 사람들의 공감을 일으키고자 했다.

같은 게임이면서 게이머 개개가 서로 다른 플레이를 펼치는 것에 힌트를 얻은 NC픽션플레이는, 이같이 저마다 다른 장면을 머릿속에 그리는 소설과의 협업을 펼쳤다. 김금희·김중혁·김초엽·박상영·배명훈·장강명·편혜영 작가가 모여 '즐거움의 미래'라는 주제로 총 7편의 단편 소설 프로젝트를 진행했다. 작가들이 본인 작품을 낭독한 오디오북에, '놀이터는 24시'(2021)라는 제목의 도서도 출간돼 이 협업을 직접 읽고, 듣고, 체험하는 것이 가능하다.

NC타이프플레이는 게임 속 캐릭터와 그 플레이가 그림과 언어가 될 수 있을지에 집중했다. 즉 글꼴이다. 조규형 디자이너와 함께 딩뱃 글꼴 레귤러와 레벨 업을 제작했고, 이 그림 언어를 어떻게 연결하냐로 수만 가지 새로운 이야기가 탄생할 수 있다. 이 놀이 도구는 이름을 그림으로 만들고, 옷이나 가방에 붙일 창의적 기호를 창작한다는 점에서 남다른 즐거움 추구로 평가받았다.

이 모두는 엔씨소프트가 후원하고 대전시립미술관에서 열렸던 특별전 '게임과 예술: 환상의 전조'(2021)에 출품됐으며, 이 중 양민하 작가의 '차원의 혼합'은 판교 연구개발(R&D)센터 대형 미디어 월에 상영돼 임직원과 방문객에게 새로운 영감을 제공했다.

양민하는 눈에 담긴 현실을 흡입해 새로운 세계로 재해석하는 미디어 아티스트다.

NC플레이가 미디어 아트, 웹툰, 문학 등과 결합해 게임의 확장성과 끝없는 상상을 내다봤다면, NC문화재단은 미래 세대의 올바른 가치관 형성을 위한 콘텐트 제작에 힘을 쏟는다.

사회의 질적 도약을 위해 엔씨소프트의 가치를 다양한 방식으로 전달하는 NC문화재단은 편견 해소 및 다양성 존중 등의 메시지를 담은 동화책을 출판하고 있다. 장애 소년 동구와 애완 고양이의 우정을 그린 조원희 작가의 '동구관찰'(2018)을 시작으로 아동 도서 선택의 폭을 넓히고, 소규모 도서관에는 책을 무료로 기증했다. 이 책은 평택시 2019년 올해의 책에 선정된 데 이어, 연극으로도 각색돼 지역 도서관과 초등학교, 중학교 등에서 공연됐고, 그림 전시도 열렸다.

2020년 출간된 이소영 작가의 '바람'은 원하는 곳이면 어디든 날아갈 수 있는 바람이 된 소년의 특별한 여정을 그린 그림책이다. 세상 모든 것은 고유한 쓸모를 가지고 살아간다는 교훈을 전한다.

두 책 모두 아이와 어른이 읽기 좋은 책이라는 의견과 함께, 어른의 편견을 해소하는 데도 도움 된다는 긍정적 반응을 끌어냈다.

이성표 작가의 '난 크고 넌 작다'(2022)는 이 사업의 세 번째 책이다. 어린 소년과 작은 애벌레가 각자의 시선으로 서로를 바라보며 소통하는 이야기를 담고 있다. 이 작가는 "작품을 통해 '누가 더 귀하고, 덜 귀한지를 헤아릴 수 없을 정도로 우리가 모두 전부 귀한 존재들'이란 메시지를 전하고 싶었다"고 말했다.

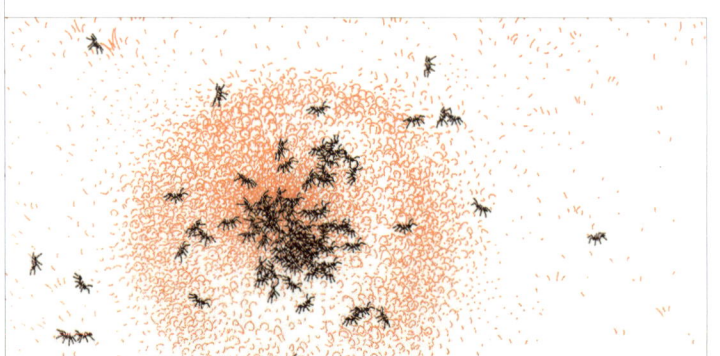
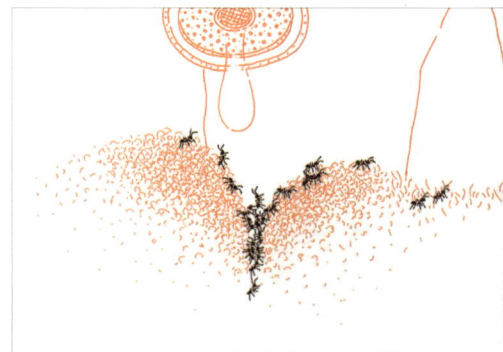

이지연 작가 '토마토'(2024) 표지

2024년에는 이지연 작가의 '토마토'를 출간했다. 토마토 씨앗이 싹을 틔워 열매로 자라는 과정을 통해 다양성과 포용의 메시지를 전하며, 특히 화사한 그림으로 독자의 상상력을 자극했다. 이 책은 2025 한국에서가장좋은책 디자인 부문인 한국에서가장 아름다운책에 선정돼 책의 물성과 시각적 감각, 내용과 형식의 조화에서 높은 평가를 받았다. NC문화재단은 '토마토'를 전국 공립 및 민간 도서관과 지역 아동 센터 등 2,000여 곳에 기증했으며, 판매 수익 전액은 사회 공헌 활동에 사용된다.

NC문화재단 관계자는 "일상적 소재를 활용해 현대 사회의 핵심 가치인 다양성을 표현한 책"이라며 "사회를 이끌어 갈 미래 세대가 열린 시각으로 세상을 바라볼 수 있게 돕는 것이 재단 출판 사업의 목적"이라고 말했다.

엔씨소프트의 웃는땅콩어린이재단은 어린이집 운영을 통해 축적한 다양한 노하우를 토대로 2015년부터 현재까지 총 12권의 그림책을 출간했다.

2023년 2월에는 '토마토' 이지연 작가의 그림책 '이사가'(2022)가 그림책의 노벨상으로 불리는 볼로냐 가치어워드 픽션 부문에서 우수상 격인 스페셜멘션을 수상했다. 글 없는 그림책이며 개미의 모험을 파노라마로 묘사한 이 책에 관해 심사위원들은 '작은 것의 소중함을 알려 주는 하나의 초대장'이라는 평을 남겼다. 이밖에 '우리 집에 갈래?'(2015), '나는 고양이'(2018), '굴뚝 귀신'(2018)도 상을 수상하거나 국제도서전에 이름을 올리며 마찬가지로 작품성을 인정받았다.

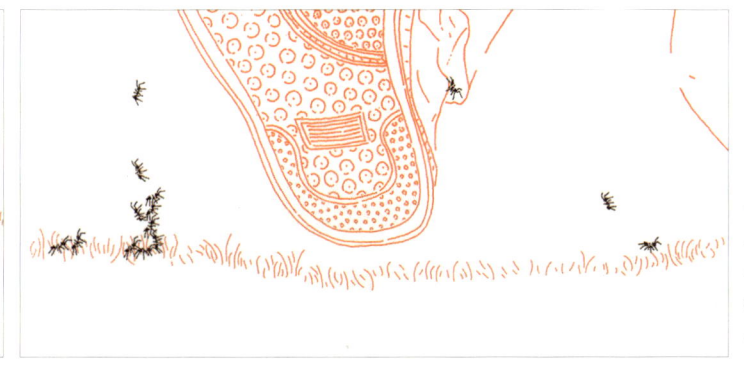

'이사가'(2022) 속 장면. 작품의 배경은 햇살이 따뜻하게 비추는 한 평범한 마당이다. 이곳에 개미들이 하나둘 모여 대이동을 시작한다. 이 개미들을 관찰하는 아이의 시선에서 이야기가 출발한다.

100개의
자리
하나의
목소리

만 19세 이상 39세 이하 청년 예술인을 위한 무대도 새로 마련됐다. 2025년 시작된 스테이지100은 NC문화재단의 주소인 서울 종로구 이화장길 100에서 이름을 따왔다. 매월 주제를 달리해 아티스트가 100명의 관객 앞에서 무대를 선보이는 방식으로 진행된다. 공연 장소는 음향과 조명 시스템을 완비한 재단 지하 1층 공연홀 스테이지블랙이다.

상반기 1차 공모에는 159개 팀이 지원했으며, 이 가운데 담예, 달음, 지프크락, 나린, JS PARK, 리치맨과그루브나이스 6개 팀이 선정됐다. 4월 '새로운 시작', 5월 '나의 이야기', 6월 '경계를 허물다'에 이어, 2차 공모를 통해 9월부터 12월까지 하반기 공연이 이어진다.

스테이지100 참여 아티스트 나린

스테이지100 참여 아티스트 지프크락

NC문화재단 스테이지블랙

도구는 갖췄고 상상만 더하면 돼

NC문화재단은 청소년의 창의성 증진을 위한 활동도 지속해 왔다. 2020년부터는 자유로운 창의 활동 공간이자 프로젝트(Project)를 자유롭게 펼칠 수 있는 실험실(Laboratory)인 프로젝토리를 운영하고 있다. 전자와 음향, 목공, 미술 등에 필요한 도구 150여 종과 각종 재료를 비롯해 디지털 및 아날로그 자료도 완비됐다.

2023년에는 지역 간 교육 및 문화 불균형 해소를 위해 찾아가는프로젝토리를 선보였다. 지역 기관과 업무협약(MOU)을 맺고 논산, 수원 등 지역 내 프로젝토리 공간을 시범으로 운영했다.

2025년에는 공연 예술팀 팔꿈치의활동범위와 함께 청소년이 그림자극의 전 과정을 직접 경험하도록 했다. 각 분야 전문가와 협업해 창의적 환경을 체험하는 프로젝토리오픈워크숍의 일환이다. 워크숍은 2주간 7회차로 구성돼 빛과 그림자의 원리를 배우는 이론 수업부터 캐릭터 및 무대 장치 제작, 공연 발표까지 실습 중심으로 진행된다.

프로젝토리는 창의성을 발견하는 실험실이다.

구조는
나뉘어도
가치는
이어진다

엔씨소프트 관계자는 "ESG(환경·사회·지배구조) 부서가 별도로 있고, CSR(기업사회책임)은 NC문화재단에서 주로 진행한다"며 "엔씨소프트와 NC문화재단의 메세나가 궁극적으로 좇는 목표는 서로 같다. 실현 방식에 다양성이 있을 뿐 모두가 사회 환원 활동"이라고 말했다. 또 "게임도 문화인 만큼 엔씨소프트의 활동은 다른 영역 문화와 연관성이 높다. 앞으로도 여러 분야를 접목해 시너지를 내겠다"고 설명했다.

이렇듯 엔씨소프트는 콘텐트 기업의 장점을 살려 메세나에서도 창의적이고 실용적인 활동을 기획하며, 즐거움으로 연결되는 세상에 끊임없이 도전할 계획이다.

NC문화재단 외관

netmarble

문화가 된 게임
가치를 알리다

넷마블

"재단 이력을 보면 게임 업계 최초라는 말이 자주 등장하죠. 2023년 받은 메세나대상 문화공헌상과 문화·예술 후원 우수 기관 인증도 업계 최초였고요. 설립 당시만 해도 '게임이 문화인가?'에 대한 여러 논의가 있었고, 이후 법 개정도 의미 있는 일이었지만, 아직 게임의 문화적 가치에 대해 더 많은 고민이 필요하다고 생각합니다."

넷마블문화재단 관계자는 이처럼 게임이 문화적, 예술적 가치로 자리 잡는 과정에서 당 재단이 선도적 역할을 해 왔다고 설명했다.

문화가 되다
넷마블이
움직이다

한국콘텐츠진흥원이 발간한 '2024 대한민국 게임백서'에 따르면 2023년 한국 게임 산업 총매출은 약 22조 9642억원을 기록했다. 특히 수출 규모는 83억 9,400만 달러(한화 11조 5,627억원)으로 조사됐다. 게임은 콘텐트 산업 수출의 70%가량을 차지하며 K콘텐트 선봉장 역할을 했지만, 그동안 지원보다 규제가 더 강조된 것이 사실.

그러나 2020년 발의된 문화예술진흥법 일부개정법률안이 2022년 국회 본회의를 통과하면서 마침내 문화·예술의 한 분야로 공식 인정받게 됐다. 1972년 문화예술진흥법이 제정된 후 50년 만의 일이다. 이 법적 변화는 게임이 영상,

김성철 넷마블문화재단 대표는 2024 전국장애학생e페스티벌 개회식에서 "페스티벌이 국내 최대, 최고의 IT 축제가 될 수 있도록 최선의 노력을 다하겠다"는 포부를 밝혔다.

미술, 소설, 음악 등 수많은 예술적 요소가 결합한 종합 예술임을 인정하는 중요한 이정표이자, 넷마블의 메세나가 사회 공헌을 넘어 문화적 혁신을 주도하고 있음을 부각한다.

넷마블은 2018년 넷마블문화재단을 설립했다. 산업을 선도하는 기업을 넘어, 사회적 책임을 다하고 지속 가능한 미래를 만들기 위해서다. 넷마블문화재단은 '문화적 가치 확산'을 핵심 주제로 삼고, 게임이라는 매체를 통해 사회와 소통하며, 모두가 참여 가능한 새로운 문화 경험을 제공하고자 한다. ▲문화만들기 ▲인재키우기 ▲마음나누기라는 3가지 핵심 목표를 중심으로 전개되고 있다.

장애를
넘다
게임으로
잇다

넷마블문화재단은 문화만들기의 일환으로 전국장애학생e페스티벌을 2009년부터 주최하고 있다. 국립특수교육원, 한국콘텐츠진흥원과 공동 주최하며, 교육부와 문화체육관광부가 후원하는 이 행사는 국내 유일의 전국 장애 학생 대상 e스포츠 대회 겸 정보 경진 대회다. '장애 학생들의 e스포츠 올림픽'으로도 불리는 본 축제는 게임을 통해 누구나 동등하게 소통하고 협력할 수 있다는 가치를 보여 준다. 단순한 경합을 넘어, 기술과 문화가 결합한 새로운 배움과 성장의 장으로 위치를 굳히고 있다.

2024년에는 '열정의 e공간, 행복한 e순간'을 슬로건으로 서울에서 대회가 열렸다. 전국 17개 시·도 교육청 지역 예선을 거친 특수학교(급) 학생, 학부모 등 1,600여 명이 참가해 28개 종목(e스포츠 10개 종목, 정보 경진 18개 종목)에서 선의의 경쟁을 펼쳤다.

김성철 넷마블문화재단 대표는 "전국장애학생e페스티벌은 오랜 기간 기술과 산업의 발전 과정을 체험할 수 있는 열린 축제로 역할을 다해 왔다"며 "지속적으로 새로운 종목을 도입하고 문화 체험을 확대해 국내 최대 규모의 장애 학생 e스포츠 및 정보화 행사로서 자리매김해 나가겠다"고 말했다.

2016년 6월, 넷마블 본사에서 한국디지털미디어고등학교 학생 40명을 대상으로 넷마블견학프로그램이 진행됐다.

오하이오주립대학교 학생 26명이 2025 게임탐험대에 참여해 넷마블 본사를 찾았다.

진로의
나침반
게임탐험대

인재키우기는 가능성 있는 인재를 발굴하고 그들이 체계적으로 성장할 기회를 제공하는 데 초점을 맞추고 있다.

게임탐험대(구 넷마블견학프로그램)는 넷마블 사옥에서 초·중·고 등학생 및 대학생, 성인(기업/기관)을 대상으로 게임 산업과 직무에 대한 체험 기회를 제공하는 프로그램이다. 이 역시 2016년부터 10년째 진행해 오고 있다. 참가자들은 현업 실무자의 강연을 통해 게임 산업에 대한 이해를 높이며, 그 밖의 체험 활동도 진행한다.

넷마블 본사를 방문한 오하이오주립대학교 한 학생은 "게임탐험대를 통해 게임의 역사가 풍부하다는 것을 깨닫게 됐다"며 "덕분에 게임 산업에 대해 관심을 갖게 됐고 추후 기회가 된다면 인턴십에도 참여하고 싶다"고 밝혔다. 또 다른 학생은 "게임 직무에 대해 많은 정보를 알게 됐다. 넷마블이라는 회사뿐 아니고, 한국 게임 산업의 가치 역시 알게 돼 기뻤다"고 말했다.

그림책에
담긴
공존의
상상력

넷마블은 마음나누기를 통해 나눔이 가진 영향력과 가치를 알리고, 이것에 쉽게 동참할 기회를 제공하고 있다.

어깨동무문고는 장애인과 사회적 약자를 포함, 모든 사람이 부디 조화롭게 공존하는 세상을 만들고자 넷마블문화재단에서 시작한 그림책 시리즈다. 2014년부터 매년 다양한 주제로 책을 발간하고 있다.

13번째 도서 '용감한 겁쟁이 문어'(2024)는 겁 많고 생김새도 남다른 주인공 문어가 일련의 사건을 통해 소심함을 극복, 친구를 위해 용기 내는 이야기를 다룬다.

유지우 작가는 출간 소감으로 "다양한 사람들이 모인 세상에서 우리는 때때로 내부인이 되었다가 때로는 외부인이 되기도 한다"며 "이 책을 통해 물고기 마을에 사는 문어뿐만 아니라, 각기 다르고 특별한 존재 모두를 응원하고 싶다"고 밝혔다.

어깨동무문고의 판매 수익금 전액은 교육·복지 기관에 기부된다. 이러한 공로로 2023년 넷마블문화재단은 문화체육관광부로부터 문화·예술 후원 우수 기관으로 선정됐으며, 메세나대상에서 문화체육관광부 장관 표창인 문화공헌상을 받았다.

재단 관계자는 "공익사업을 직접 기획하고 추진하면서 그 결과 방향성이 유지됐다. 전문성 역시 고도화되는 성과가 있었다"고 설명했다. 또한 "오랜 기간 계속 개선을 거쳐 사업을 발전시키고, 사회의 실제적인 변화를 꾀할 수 있다는 점이 우리가 가진 노하우"라고 자랑했다.

유지우 작가 '용감한 겁쟁이 문어'(2024) 표지

국내 최초
게임 박물관

2025년 3월에는 신사옥 3층에 국내 최초 게임 박물관인 넷마블게임박물관이 개관했다. 어른들은 추억을 회상하고, 아동 및 청소년은 특별한 경험을 새로 접하도록 그 모두를 아우르는 박물관을 목표로 하고 있다. 자라나는 세대가 게임을 통해 사회, 문화의 변화를 인지하고, 더욱이 게임과 함께하는 미래를 그려 보기를 희망한다.

넷마블문화재단 관계자는 "게임이 기술과 문화의 발전에 기여해 온 만큼 게임의 역사를 통해 미래 가치를 발견하게 하는 것이 목표"라며 "게임 기기, 주변 기기 등이 소장품으로 잘 인정돼 게임의 문화·예술적 가치를 빛내 주기를 희망하고 있다"고 전했다. 그러면서 "주중에는 학교 단위 단체 관람, 주말에는 가족 단위 관람이 주요 대상"이라고 덧붙였다.

"박물관이 부족한 서남권에 넷마블게임박물관이 개관하는 것은 지역과 함께 성장한다는 면에서 큰 의미가 있다고 생각해요. 같은 건물 G밸리산업박물관, 2025년 금천구에 개관하는 서울시립 서서울미술관 등과 기술과 문화의 연결점을 찾아 새로운 박물관 로드를 개척할 것으로 기대합니다."

넷마블게임박물관 입구

넷마블게임박물관 보이는수장고는 소장품을 개방형으로 보관·전시하는 공간. 게임 문화유산을 직접 경험할 수 있도록 구성됐다.

전시된 소장품은 2,100여 점. 이 중 700여 점이 시민과 사내 기증으로 수집됐다. 주요 소장품으로는 '오디세이'(1972), 가정용 '퐁'(1976), '애플 II'(1977), '재믹스'(1987), '겜보이'(1989) 등이 있다. 비디오 게임기의 초기 모습인 '테니스 포 투'와 '스페이스워!' 등도 복각돼 함께 전시된다.

초대 넷마블게임박물관 관장으로 선임된 김성철 넷마블문화재단 대표는 "넷마블게임박물관은 게임이 가진 힘을 연구하고 다양한 게임 콘텐트 속에서 문화적 가치를 발견할 수 있는 체험형 박물관이라는 점에서 의미가 있다"며 "매년 다른 주제의 기획전을 개최해 관람객들에게 색다른 경험을 제공할 것"이라고 설명했다.

넷마블 신사옥 G타워 외관

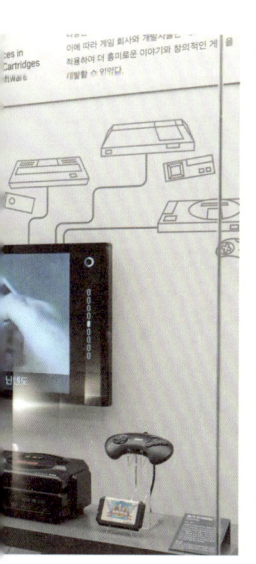

특히 넷마블게임박물관에는 추억의 게임을 플레이할 수 있는 오락실 기기도 가득 마련돼 있다.

THE
HYUNDAI

서울·대구·뉴욕
유통이 '아트풀'

현대백화점

현대백화점은 전국 각 지점에서 프로그램과 전시회 등을 개최하며, 문화·예술을 보다 쉽게 접할 수 있는 환경을 조성 중이다.

2024년에는 아트 마케팅을 더욱 강화한다고 계획을 밝혔다. 이를 위해 '더 아트풀 현대'를 새로운 캐치프레이즈로 선정하고, 예술과 엔터테인먼트를 결합한 '아트테인먼트'를 전면에 내세웠다.

'아트풀'은 예술을 의미하는 아트(Art)와 가득하다는 뜻의 풀(Full)의 합성어로, 백화점, 아웃렛을 예술이 가득한 공간으로 만들어 고객의 일상에 영감을 불어넣겠다는 현대백화점의 의지를 담고 있다.

국내 첫
백화점 갤러리

더현대 서울 외관

1985년 압구정본점을 시작으로 현대백화점은 국내 최초로 백화점 내 갤러리를 선보였으며, 현재는 전국 7개 점포(무역, 미아, 천호, 킨텍스, 중동, 충청, 울산)에서 갤러리H를, 더불어 목동 보타닉하우스, 부산 아트라운지까지 9개 전시 공간을 운영하고 있다. 연간 50여 명의 작가, 800여 점의 작품을 소개하는 중이다.

문화홀은 12개소에서 8개소로 축소돼 연간 30회, 300일 이상의 대형 공연과 전시 및 체험을 전개하고 있다. 갤러리뿐 아니라 문화 센터도 1985년부터 국내 유통 업계 최초로 선보였다. 2020년에는 압구정본점 등 전국 16개 점포에 120여 개의 강의실을 운영했고, 매년 50만 명이 이를 이용했다.

현대백화점 문화콘텐츠팀은 큐레이터를 포함한 10여 명의 인력으로 구성됐고, 이들 중 다수는 20~30년 경력의 전문가들이다. 현대백화점은 콘텐트 사업 전담팀을 2020년부터 운영 중이며, 예술 및 전시 관련 전문 인원을 계속 충원해 조직의 규모를 점차 확대하고 있다.

2024년 기준 16개 백화점, 8개 아웃렛을 합친 전국 24개 점포에 이른바 '아트 스폿'을 운영하고 있으며, 이 중에는 갤러리H와 전문 미술관 수준의 전시 공간인 알트원이 포함된다.

도심 속 미술관 100만의 선택

2021년, 현대백화점은 여의도 더현대 서울에 알트원을 개관해 여러 전시를 기획하고 있다. 건물 6층에 위치한 1,160㎡(약 350평) 규모의 복합 문화 공간으로, '다양한 문화적 소통을 통해 삶을 한 단계 나아가게 한다'라는 모토 아래 조성됐다. '예술(Art), 삶(Life), 기술(Tech)의 최고(No. 1)가 되자'는 포부도 담겼다.

알트원은 더현대 서울 주 방문객이 20대 후반에서 시작하는 것에 착안, 갤러리H와는 반대로 전시 기획사와의 협업을 통해 실험적 전시에도 도전하고 있다. 참신성과 함께 대중에 얼마나 호소력을 갖췄는지도 함께 고려되는 요소다. 2023년 상반기까지 900여 점의 작품을 선보였으며, 당시 누적 관람객수 65만명을 돌파하는 성과를 냈다.

3년 3개월 만에 '100만'을 돌파한 것 역시 주목할 만하다. 2024년 5월, 현대백화점은 개관전 '앤디워홀: 비기닝 서울'(2021) 이후, 11호 전시 '폼페이 유물전: 그대, 그곳에 있었다' 종료 시점에 알트원 누적 관람객수 100만명을 달성했다고 밝혔다. 이는 한국박물관협회 통계 기준 서울 소재 미술관의 연평균 관람객수가 5만 5,000명 안팎인 점을 감안할 때 매우 고무적인 성과다.

현대백화점 알트원은 국내외 권위 있는 미술관, 박물관, 화랑과의 협업을 적극 확대하고 있다. 2024년 여름에는 글로벌 갤러리 로빌런트+보에나와 함께, 14세기 고미술부터 현대미술까지를 총망라한 '서양 미술 800년전–고딕부터 현대미술까지'를 개최했다. 시대별 대표작 70여 점을 소개, 17개 장르에 걸쳐 추정 평가액만 1,300억원에 달했다.

미국 우스터미술관과도 협업해 '인상파, 모네에서 미국으로: 빛, 바다를 건너다'전 (2025)을 열고, 클로드 모네, 존 싱어 사전트, 폴 세잔 등의 원화 53점을 걸었다. 이 가운데 모네의 '수련'은 2022년 국립중앙박물관 전시 이후 3년 만에 다시 국내 공개돼 더욱 주목받았다. 현대백화점 관계자는 "전문 전시관에 버금가는 입지를 인정받고 있는 알트원이 다시 한번 콘텐츠 소싱 능력을 입증한 셈"이라고 설명했다.

알트원 '서양 미술 800년전-고딕부터 현대미술까지'(2025) 포스터

알트원 '인상파, 모네에서 미국으로: 빛, 바다를 건너다'전(2025) 포스터

어른도 아이도 자라는 미술관

2,850㎡(약 860평) 규모의 현대어린이책미술관(MOKA)은 국내 최초로 '책'이 주제인 어린이 미술관이다. 기업이 만든 국내 첫 어린이 대상 1종 미술관이기도 하다. 2015년 개관해 지난 10년간 100만명이 이곳을 다녀갔다. 현대백화점 판교점에 위치해 있으며, 2개의 전시실과 3개의 교육실, 6,000여 권의 국내외 우수 그림책으로 구성된 서가 등을 갖추고 있다. 어린이가 그림책을 통해 자신을 이해하고, 타인을 이해하는 법 역시 다채롭고 흥미롭게 경험할 수 있도록 마련된 곳이다.

무엇보다 공간이 예사롭지 않다. 아이와 부모, 둘 모두에게 새로운 공간 유형을 제시하고자 디자인됐다. ▲징검다리처럼 오르내리며 독서하고 휴식하는 계단 '버블 스텝' ▲거대한 기둥이 만드는 빛과 그림자의 통로 '램프' ▲종이접기 모양의 재미있는 교육실 ▲외부와 내부를 연결하는 10m 높이의 독특한 기둥 등이 낯설지만 동시에 흥미로운 경험을 일상 중 선사한다.

현대프리미엄아울렛 스페이스원에는 스페인 작가 하이메 아욘이 설계한 두 번째 현대어린이책미술관인 모카가든이 있다. 자연을 주제로 한 이 공간은 어른과 아이를 가리지 않고 상상력을 자극하는 조각상과 자연을 그대로 담은 공간 구성 등 독창적 인테리어 디자인으로 호평받았다. 레드닷디자인어워드에서 최우수상과 본상을, iF디자인어워드에서 본상을 수상했다.

현대어린이책미술관 내부 / 사진=현대어린이책미술관

2017년부터 현대어린이책미술관은 국내 그림책 작가를 발굴하고 지원하는 '언-프린티드 아이디어'전으로 문화·예술 육성 또한 매진 중이다. 출판 목적이 아닌, 우선 아이디어를 공모받아 현대어린이책미술관 내 그림책 전문가와 함께 그 책을 완성하는 방식이다. 지원 자격에 제한이 없어 연령도 다양하고, 중견 작가까지 경력 여부도 상관없다.

2018년부터 2024년까지 격년제로 총 4번의 전시가 열렸고, 가장 최근의 전시로는 최정혜, 전지나 작가에게 출판 기회가 주어졌다. 전지나 작가의 첫 창작 그림책 '울지마'(2025)는 플립북 형식의 그림책. 출간 후 세계적 그림책 플랫폼 디픽투스의 제6회 언퍼블리시드픽처북쇼케이스에서 한국 출품작 중 최다 득표를 받았다. 전 작가는 "이 책은 실은 '울어도 된다'는 이야기"라며 "디지털 쇼트폼으로 가득한 시대에, 손끝에서 만져지고 재생되는 독특한 아날로그 경험을 즐기길 바란다"고 밝혔다.

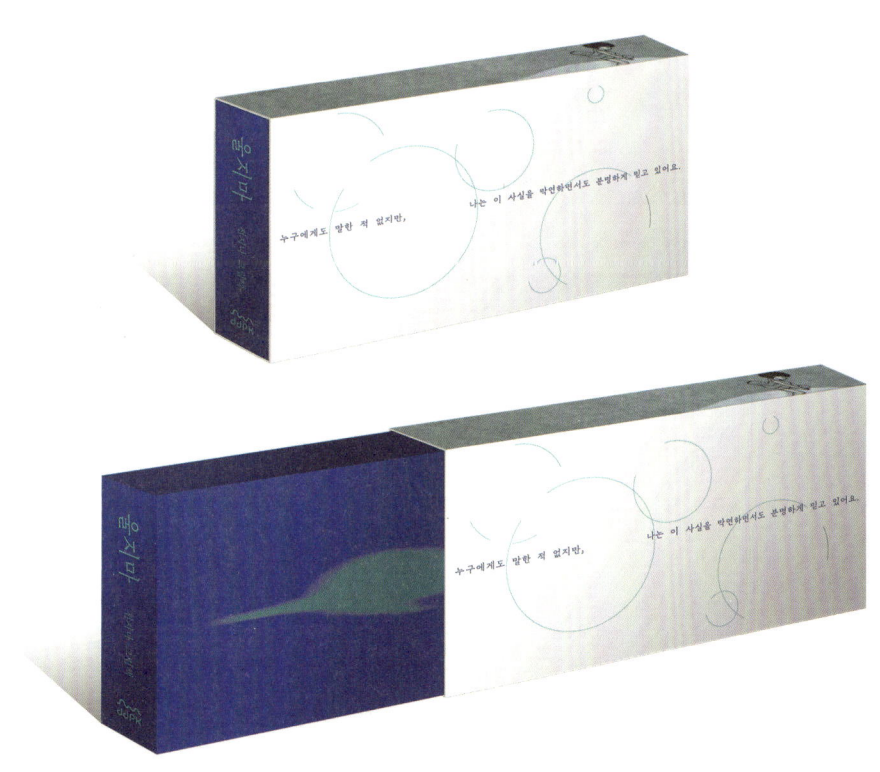

전지나 그림책 '울지마'(2025) / 사진=두두플래닛케이

작가와
맺은 약속
미술을
입힌 점포

현대백화점은 작가가 작품 활동에만 주력할 수 있도록 1기업1미술작가지원사업을 통해 차영석 작가를 지원했다. 전통 한국화의 방법론을 따르면서 동시대적 대상도 탐색해 온 작가로, 2022년 현대백화점은 한국메세나협회 등과 협력해 그에게 3년간의 후원을 약속했다.

같은 해 8월에는 한국화랑협회와 손잡고 업무협약(MOU)을 체결했다. 키아프서울 공식 후원 3년째인 2024년에는 아트 페어의 성공적 개최를 기원하며 압구정본점 등 전국 점포에서 더현대아트스테이지를 진행, 백화점 공간의 아트화를 꾀했다.

대구화랑협회와 협력해 지역 문화 불균형 해소에도 일조 중이며, 예술경영지원센터와는 작가 미술 장터, 미술품 대여 사업에 공간을 제공했다. 한국조각가협회와 결연을 맺고 국내 최고 수준의 조각을 전시하는 등 장르 활성화에 힘쓰고 있다.

현대백화점은 대구점을 더현대 대구로 리뉴얼하며 서울 외 타지역 백화점도 문화·예술 공간으로 변모시켰다. 수십억 매출을 포기하며 1층 복합 큐레이션 공간 더스퀘어에 ▲시릴 란셀린의 '아치 워터폴'(2022) ▲제프 쿤스의 '켄타우로스와 라피테스 처녀'(2013) ▲루크 제람의 '달의 박물관'(2016) ▲루시+호르헤 오르타의 '구름의 메테오로스Ⅱ'(2015) 등을 순차 전시했고, 9층은 하이메 아욘과 협업해 층 전체를 미술관처럼 꾸미는 등 파격에 파격을 거듭했다.

2022년 10월, 현대백화점 목동점에서 1기업1미술작가지원사업 후원식이 열렸다. / 사진=한국메세나협회

더현대 대구 외관

현대백화점은 더현대 대구 9층에 대규모 문화 공간 '더 포럼 바이 하이메 아욘'을 조성했다. 그중 야외 정원
'게이츠 가든'에는 문(Gate)의 형태를 한 캐릭터 조각 6점 및 30여 종 식물이 어우러져 있다.

뉴욕과도 손잡은 미래

2017년 문화체육관광부가 주최하고 한국문화예술위원회가 주관하는 문화·예술 후원 우수 기관 인증 제도에서 우수 기관으로 인증받은 후 2023년까지 자격을 유지했다. 한국메세나협회가 발표하는 문화·예술 지원 현황 조사에서는 2013년 이후 12년 연속 톱 5에 선정됐다.

2022년까지 6년 연속 기업 중 두 번째로 활발한 메세나를 이어 왔고, 2023년에는 3위를 기록했다. 2024년에 다시 2위를 탈환했다.

현대백화점 관계자는 "현대백화점의 아트 마케팅은 '고객을 행복하게, 세상을 풍요롭게'라는 현대백화점그룹의 사명(使命)과 맞닿아 있다"며 "더 많은 고객과 작가가 자유롭게 참여하며 문화·예술이 생동감 있는 콘텐트로 확장하는 데 고객 최접점인 백화점이 일조하겠다. '비욘드 리테일'의 새로운 방향성을 선도해 나갈 것"이라고 답했다.

2025년 6월, 현대백화점은 미국 뉴욕 메트로폴리탄미술관(The Met)과 향후 3년간의 후원 협약을 체결했다. 국내 유통 업체가 메트로폴리탄미술관과 장기 후원 협약을 맺은 것은 이번이 처음이다.

2024 더현대아트스테이지 포스터

더현대 대구 외부에 설치된 하이메 아욘 작 '스텝 바이 스텝'(2024). 높이만 12m에 달한다.

가구톡세상

문화와 예술을
품은 가구

가구톡세상

싱그러운 달 5월. 서쪽 하늘에 노을이 스멀스멀 간질거릴 무렵이면 고요했던 송포 들녘은 노랫가락으로 물들어 간다. 한낮의 분주함을 벗어던진 황혼 무렵, 저마다의 얼굴엔 설렘과 기대가 가득하다.

일산 신도시가 들어서기 전만 해도 논농사, 밭농사로 한적한 농촌이었던 이 일대의 모습은 이제 도시에 더 가깝다. 그 한켠, 번지수 1477-3 가구톡세상 주차장에는 매년 5월 특별한 무대가 만들어진다.

저녁노을음악회라는 이름의 이 행사는 2023년 처음 시작돼 2025년 3회째를 맞았다. 전국 곳곳에서 다양한 축제가 꽃처럼 피어나는 계절이지만, 이 음악회는 특별한 의미를 품고 있다. 일단 주최가 여럿이다. 가구톡세상을 비롯해 귀가쫑긋, 우함사, 화정회 등 지역 인문학 모임과 동호회가 함께하는 진정한 지역 공동체 축제다.

잔잔한 포크송과 우리 가락 가야금 선율에 이어, 현란한 라틴 밸리댄스, 기타 동아리의 감미로운 합주, 전통의 경기 민요, 열정 드럼과 색소폰 연주까지 다채롭게 펼쳐진다. 2시간가량 이어지는 음악회는 노을의 붉은 물결로 시작해 별빛의 반짝임 속에 마무리된다.

무대 아래에는 200여 명의 관객이 자리를 가득 메운다. 정녕 이 음악회의 진정한 매력은 출연자와 관객의 경계가 없다는 점이다. 올해의 출연자가 내년의 관객이 되고, 지금의 관객이 다음 무대의 주인공이 되는 열린 무대다. 비록 아마추어들의 서툰 실수가 있을지라도 모두가 따스한 미소와 박수로 웃어넘긴다. 깔깔깔 공감의 꽃이 피어난다.

문화와 예술을
품은 가구인

이 유쾌한 음악회를 기획하고 실질적으로 이끄는 이는 바로 송도현 가구톡세상 대표다 가구 업계에 발을 들인 지 어느새 40년으로 향하고 있다. 그는 현재 브랜드 종합 가구몰 가구톡세상 일산직영점을 비롯해 전국에 20개 가맹점을 둔 이 업계의 내로라하는 전문가다. 가구 생산·도매업자와 소매업자를 연결하는 기업간거래(B2B) 플랫폼 올펀의 대표이자, 이탈리아 전통 침대 매트리스 알프레노띠를 국내 독점으로 수입해 전국에 공급하기도 한다.

그런 그가 왜 음악회를 시작했을까? 준비 과정의 땀과 적지 않은 비용을 고려하면, 혹시 가구 홍보를 위한 마케팅 전략이 아닐까 하는 의구심이 들 수도 있다. 그러나 송도현 대표는 "그건 전혀 아니다"고 단언하면서 "애초부터 그런 목적이 아니어서 사업에 도움이 되는지 안 되는지 따져 보지도 않았다"며 허허 웃는다. 진짜 이유는 더 순수하고 정겹다. "내 천성이 사람들이랑 어울리고, 공부하고, 노는 걸 좋아한다. 그러던 중에 내가 속해 있는 인문학 모임의 회원들이 우리 매장을 방문한다는 얘기를 듣고 그들을 위해서 무엇을 해줄 수 있나 고심하다 이 음악회를 기획했다"고 설명한다.

그럼 음악회를 통해 얻은 만족감은? "120% 만족"이라고 단호하게 말하는 그는 "일단 모두가 적극적이다. 우리나라 사람들이 '멍석 체질'이 아니라 사람들 많은 무대 위에 나서는 것을 왠지 쑥스러워한다. 그래서 첫해는 출연자 채우기도 좀 어려웠지만, 한두 해 거듭하다 보니 이제는 선발을 해야 할 정도가 됐다. 고마운 일이다. 출연자도 관람자도 모두가 즐겁고 행복해한다"고 뿌듯해한다. 언뜻 봐도 행사에 들어가는 노고와 비용이 적지만은 않을 것 같다. 무대 설치는 물론이고 눈에 보이지 않는 것도 한둘이 아니다. 하지만 그는 이 행사를 "나의 작은 노고가 모두의 기쁨으로 바뀌는 자리"라고 말한다. 돈보다 값진 보람이 있으니 앞으로도 계속해 나갈 이유는 차고 넘친다.

저녁노을음악회가 열리고 있는 모습

인문학 15년 귀가쫑긋

송도현 대표의 문화·예술 사랑은 음악회에만 그치지 않는다. 그는 귀가 쫑긋이라는 인문학 모임과 함께하고 있다. 이 모임은 "인문학 공부를 해 보자"는 작은 씨앗에서 출발했다. 벌써 15년 전이다. 몇몇 지인과 시작한 모임이 급속도로 성장해 한때 회원수가 100명 가까이 늘어나기도 했다.

귀가쫑긋은 말 그대로 '귀를 쫑긋 세워 상대방의 말을 잘 듣자'는 의미로, 송도현 대표가 직접 명명했다. 매달 인문학 강사를 초청해 정기 강연을 갖는데, 열성 회원들의 참여로 늦은 시간임에도 열기가 뜨겁다. 강의가 끝나면 인근 호프집에서 뒤풀이가 이어진다. 사람들과 눈을 맞추고 이야기꽃을 피우는 그 시간이야말로 인문학의 꽃밭이다.

정기 강연 외에도 소모임으로 서양철학반, 동양철학반, 책읽기반, 시공부반, 영어공부반, 미술공부반, 기타 동아리 등 다양한 학습 공동체가 활발히 운영 중이다. 또 매월 정기 모임으로 지역 명소를 찾아가거나 명인을 만나는 자리를 만들어 그 의미를 더한다.

송도현 대표가 초대 회장을 맡은 후 몇몇 회장이 거쳐 갔는데, 이번에 다시 회장 자리를 떠맡았다. 신종코로나바이러스감염증(코로나19)으로 대면 모임이 어려워지고 모임이 침체되자, 회원들이 '다시 귀쫑'을 외치며 그를 회장에 재추대한 것이다. 6대 회장으로 돌아와 모임에 새로운 활력을 불어넣고 있다. 지금은 회원수도 늘어나고 열기도 다시 달아오르고 있다고 한다. 정기 강연이 150회를 넘어 200회를 향해 달리고 있으니, 지역 사회 자발적 인문학 모임으로서는 실로 대단한 기록이다.

송도현 가구톡세상 대표

단단한
후원
확실한
후원

송도현 대표의 움직임은 잔잔하고 묵직하며, 질기기까지 하다. 2020년부터 2023년까지 일산 대표 서점인 한양문고에서 '한 달에 한 번 진짜 인문학'이라는 이름으로 매달 인문학 강의를 열었다. 여행가 한비야, 시인 함민복 등을 강사로 초청해 비용을 기꺼이 지원했다.

송도현 대표의 문화·예술 후원은 다양한 형태로 이어진다. 지인이 책을 출간하면 출판 기념회를 열어 주고, 수십 권에서 100여 권까지 자비로 구매한다. 그 책을 주변 사람과 매장을 찾는 고객에게 선물하는 따뜻한 마음씨를 보인다. 책은 한 사람의 땀이기도 하고, 눈물이기도 하며, 때로는 인생 그 자체라는 그의 믿음이 이러한 행동의 밑바탕이 된다.

지역 예술인과 꾸준히 교류하며 미술 분야 지원도 펼치고 있다. 매장 내 작품을 두고, 작가에게 전시와 판매라는 현실적 기회를 제공한다. 이 밖에도 송도현 대표는 녹서 보임을 통해 책 읽기를 소홀히 하시 않고, 여러 해 전부터는 서당을 다니며 한문을 익히는 등 학이시습지의 정신을 몸소 실천하고 있다.

가구톡세상
일산직영점에 걸린
미술 작품들

강화도 사랑과 소박한 꿈

송도현 대표가 특히 관심을 쏟는 분야, 강화도다. 지역 주민과 정기적으로 만나며 강화도 공부에 열중하고 있다.

왜 하필 강화도일까? 그는 "강화도는 고려와 조선, 근세사 등 우리 역사를 오롯이 간직하고 있는 섬이다. 전쟁을 피해 궁궐이 피란을 가기도 하고, 외세 침략에 끊임없이 시달리던 곳이다. 동네에서 뛰놀던 청년이 왕이 되기도 하고, 권좌에서 쫓겨난 임금이 역적 죄인이 돼 귀양살이하던 곳이기도 하다. 그 자체가 한반도의 역사"라며 깊은 애정을 보인다.

그의 미래 계획은 무엇일까? "지금 하고 있는 가구 사업이 내가 목표로 하는 궤도에 오르면 강화도에 가서 문화해설사를 하고 싶다"는 소박한 꿈을 간직하고 있다. 자신이 좋아하는 곳에서, 자신이 좋아하는 분야의 얘기를 사람들에게 설명해 주고 대화하고자 하는 순수한 바람이다.

기꺼이
배우고
기쁘게
나눈다

대형 가구업을 이끄는 바쁜 경영인이지만, 송도현 대표에게 문화·예술은 삶의 활력소이자 영감의 원천이다. 인문학 등을 끊임없이 배우고, 음악회에서 예술의 기쁨을 나눈다. 문화·예술을 통해 공동체 회복의 향기를 퍼뜨린다. 대기업에 비해 규모는 상대적으로 작지만, 송도현 대표는 진심 어린 열정으로 메세나의 길을 묵묵히 걷고 있다. 문화가 스며들고 머무는 방식에도 다양한 얼굴이 있음을 조용히 일깨운다.

"배움은 나눌 때 더 풍요로워지고, 나눔은 또 다른 배움으로 돌아온다"는 송도현 대표의 철학은 이제 지역 사회에 깊이 뿌리내리고 있다.

저녁노을음악회가 별빛 아래서 끝나듯, 그의 문화·예술 사랑은 밤하늘의 별처럼 오래도록 빛날 것이다. 그의 음악회가, 그의 여러 모임이, 그리고 그의 따뜻한 마음이, 더 밝게 더 멀리 비치길 기대해 본다.

2025년 5월 열린 제3회 저녁노을음악회는 갑자기 내린 폭우로 급히 가구톡세상 매장으로 무대를 옮겨 실내에서 진행됐다.

귀가쫑긋 정기 강연 모습

귀가쫑긋 송년회 모습

CROWN 해태

사원증을 떼고
악기를 든다

크라운해태제과그룹

"예술은 공기와 같죠. 인간은 예술 없이는 살 수 없습니다."
윤영달 크라운해태제과그룹 회장이 자주 인용하는 말이다. 그에게 예술은 추상적 감상이 아니라, 위기 속에서 삶을 붙든 감각의 언어였다.

기업 경영이 가장 어려웠던 시기, 우연히 들은 대금 소리가 경영 철학을 바꾸는 출발점이 됐다.

윤영달 회장은 일찍이 기존의 지능지수(IQ), 감성지수(EQ)를 넘어서는 개념으로 예술가적지수(AQ·Artistic Quotient)를 제안했다. 예술의 감각을 지닌 사람이야말로 미래 사회에서 창조성을 발휘할 수 있다는 확신에서 비롯된 신조어였다.

이후 크라운해태제과그룹은 국악과 조각이라는 두 축으로 예술 생태계를 구축해 왔다. "행복한 일터를 만들기 위해선 예술이 필수"라는 신념 아래 예술을 일터로도 들였다.

크라운해태제과그룹이 추구한 메세나는 후원이 아니라, 함께 만들어 가는 생태계에 더 가깝다. 그리고 그 중심에는 언제나 AQ라는 단순하면서도 강한, 한 사람의 신념이 놓여 있다.

국악은 DNA
창신제는 그 무대

크라운해태제과그룹의 국악 사랑은 오랜 전통을 갖는다. 윤영달 회장은 국악을 "한국인의 정서적 DNA에 각인된 예술"이라 말하며, 전통 음악이야말로 고객의 감성을 일깨우는 감각적 소통 수단이라고 강조해 왔다. 지난 20여 년간 국악의 대중화를 위한 후원을 이어 오고 있다.

그 대표적인 사례가 매년 열리는 창신제다. 2004년, 화의 종료를 기념해 처음 마련한 국악 공연이 시초였고, '옛것을 바탕으로 새로움을 창조한다'는 뜻의 법고창신(法古創新) 정신을 담아 현 이름을 붙였다. 지금은 민간 기업이 주최하는 전통 음악 공연 중 최대 규모로 자리잡았다.

창신제는 퓨전 국악 무대를 통해 국악의 현대적 재해석을 시도하는 동시에, 직원들이 직접 무대에 오르는 공연으로도 잘 알려져 있다. 특히 2012년 제8회 창신제에서는 윤영달 회장을 포함한 임직원 100명이 무대에 올라 판소리 '사철가'를 함께 불렀다. 월드레코드아카데미로부터 '세계 최다 인원 판소리 동시 공연'으로 공식 인증받았다.

전통 국악의 정수를 전하기 위해 대보름명인전과 최정상 국악 명인으로 구성된 양주풍류악회도 꾸준히 후원 중이다.

2012년 11월, 윤영달 크라운해태제과그룹 회장이 세종문화회관 대극장에서 열린 제8회 창신제에 도창자로 나섰다.

영재가 자라고 한음이 이어진다

사실 윤영달 회장은 국악 대신 '한음(韓音)'이라는 표현을 쓴다. 중국과 일본도 자국 전통 음악을 국악이라고 부르기에, 한국 전통 음악의 고유성을 표현할 새 명칭이 필요하다고 판단한 것이다.

'한음'은 '전통 한국 음악'의 줄임말로, 그가 직접 지은 애칭이다. 관련해 크라운해태제과그룹은 우리 소리의 미래를 위한 장기적 투자도 지속하고 있다.

매주 일요일 서울남산국악당 크라운해태홀에서 열리는 영재한음회는 국악 영재를 위한 유소년 전문 공연이다. 크라운해태제과그룹은 2017년 서울특별시와 업무협약(MOU)을 맺고 서울 최초의 국악 전문 공연장인 서울남산국악당을 리모델링, 이를 계기로 크라운해태홀이 마련됐다.

한음꿈나무경연대회, 모여라!!한음영재들 등을 통해 선발된 아이들이 본 영재한음회 무대에 오른다. 크라운해태제과그룹이 후원하는 이 공연은 2015년 시작돼 2023년 11월에 200회째를 돌파했다. 2025년 상반기 기준 총 270회가 넘는 영재한음회가 진행됐다.

제5회 모여라!!한음영재들(2018) 공연 모습

윤영달 크라운해태제과그룹 회장(정가운데)과 영재한음회 출연자들

화동정재예술단이 제200회 영재한음회에서 입춤소고를 선보였다.

사원증을
떼고
악기를
든다

크라운해태제과그룹의 예술은 직원 개개인의 일상으로도 확장됐다. 사물놀이, 판소리 등 전통 음악이 기반인 사내 동아리만 5개. 주 1회, 근무 시간 중 국악 강습도 받는다. 회사는 악기와 의상 등 공연 준비를 전폭 지원하고 있다. 동아리 활동 역시 업무의 연장으로 보고, 공연이 있는 날에는 별도 출연료도 지급한다.

2025년 5월, 수성아트피아 대극장에서 제5회 크라운해태한음회가 열려 임직원 180명이 무대에 올랐다. 공연은 종묘제례일무 보태평지무 '희문'과 '귀인'을 시작으로, 가곡 '우조 우편', 12가사 중 '매화가', 민요 '장기타령' '자진뱃노래', 판소리 단가 '사철가', 남도 민요 '농부가', 사물놀이 '삼도농악가락' 등으로 구성됐다.

같은 해 6월, 크라운해태제과그룹 임직원은 2025 오사카간사이국제박람회에서도 공연을 선보였다. 1년여간 내부 오디션을 진행해 실력파만 엄선됐다는 전언이다. 임직원 108명과 서울예술대학교 국악 전공자 15명 등으로 구성된 공연단은 하루 2차례, 야외와 실내 무대를 오가며 공연을 펼쳤다. 국내 민간 기업이 해외에서 전통 음악 공연을 진행한 첫 사례로 기록됐다.

크라운해태제과그룹 국악 동아리 팔풍의몸짓이 제2회 크라운해태한음회(2024) 최종 리허설에서 종묘제례일무 보태평지무를 선보였다.

크라운해태제과그룹 임직원이 2025 오사카간사이국제박람회에서 경기 민요를 공연했다.

조각도 사랑한 경영자 윤영달

크라운해태제과그룹은 국내 조각 생태계 확장을 위한 장기 프로젝트를 이어 가고 있다. 대표적 예가 경기 양주시에 100만평 규모로 조성한 아트밸리다. 전문 조각가를 위한 크라운해태창작스튜디오와 레지던시 프로그램도 함께 운영 중이다. 또한, 양주눈꽃축제는 2014년 시작돼 경기 북부 최대 겨울 예술 행사로 자리 잡았다.

서울특별시와는 한강조각작품순환전시로 조각의 대중화에 힘을 보탠다. 2025년에는 서울 한강공원 10곳을 순회하며 대형 조각 300점을 전시, K조각의 미감을 소개할 계획이다.

'보면 생기가 생긴다'는 뜻의 견생전(見生展)은 공공 기관, 공원 등 도심 곳곳을 전시장으로 탈바꿈시킨 전시다. 2024년 8월 기준, 누적 관람객수만 약 500만명에 달한다.

조각가의 세계 진출을 위한 간행물도 꾸준히 펴내고 있다. 2025년에는 박선기, 최우람 등 한국 대표 조각가 12인의 예술 세계를 담은 '세계로 가는 K-조각의 미래 2'를 출간했다. K스컬프처 조직위원장이기도 한 윤영달 회장은 "K조각이 글로벌 미술 시장에서 영향력을 확대하기 위한 중요한 발걸음이자 이정표가 될 것"이라며 "앞으로도 K조각이 독창적인 예술 세계를 넓히고, 국제 무대에서 당당히 인정받고 성장할 수 있도록 더 많은 관심과 성원을 보내 주기 바란다"고 밝혔다.

예술로 키운 회사 루브르도 갑니다

과자만으로는 지속 가능한 성장을 담보하기 어렵다. 이런 판단에 윤영달 회장은 기업의 본질과 방향을 다시 묻기 시작했다.

결론은 뜻밖에도 예술에 있었다. 전 직원이 단순 기능인을 넘어 감각과 창의력을 지닌 예술가가 되기를 바랐다. "내면의 예술 지성을 일깨우는 일이야말로 회사의 미래를 위한 투자"라는 신념이 생겼고, 지금껏 공연과 전시, 교육에의 투자를 절대 아끼지 않았다.

"광고 대신 직원에게 투자했습니다. 그 돈은 꽃이 아니라 뿌리가 됐지요."

윤영달 회장의 이 말은 크라운해태제과그룹 메세나의 본질을 요약한다. 우수 직원에게 아트바젤이 열리는 홍콩과 스위스를 다녀올 기회를 줬다. 기차를 빌려 프랑스 루브르박물관 등 세계 3대 박물관을 탐방시키기도 했다. 이런 예술 체험은 업무 효율만이 아닌, 자부심과 몰입의 토대를 만들었다.

노력은 외부에서도 인정받았다. 윤영달 회장은 2011년 몽블랑문화예술후원자상에 이어, 2016년 제17회 메세나대상에서 메세나인상을 수상했다. 앞서 2013년에는 크라운해태제과그룹이 국악과 조각 등 비주류 장르에 대한 꾸준한 지원을 인정받아 제14회 메세나대상 문화공헌상을 받았다.

2024년 3월, 윤영달 한국메세나협회 회장이
서울 중구 한국프레스센터에서 진행된 취임 기자간담회에서 소감을 밝혔다.
/ 사진=한국메세나협회

신한카드

금융이 잇는 예술
경계 낮춘 축제

신한카드

카드는 흔적을 남긴다. 무언가를 사고 누군가에게 쓰고 그리고 어떤 순간은 문득 남기고 싶어진다.

소비의 기록이 감정의 기억으로 전환되는 지점에서 신한카드는 그 흐름을 오래 지켜보았다.

아이의 첫 책과 첫 그림, 청년의 첫 관람, 그리고 이제 막 문을 연 갤러리의 첫 무대. 그 '처음들'을 위한 장면을 만들고 그 위에 조심스럽게 자신의 이름을 얹었다.

이 장면들은 몇 해에 한 번 피고 지는 이벤트가 아니다. 수천 권의 책을 품은 작은 도서관이 국내외 550곳 이상에 세워졌고, 어린이의 그림이 무대 위에서 빛을 본 지도 어느덧 20년을 훌쩍 넘었다. 미술 시장의 비깥에서 첫발을 준비하던 신진 갤러리들은 '더프리뷰'라는 이름 아래 다섯 번째 계절을 맞았다.

카드사는 금융의 언어로 일상과 만난다. 하지만 신한카드는 그 언어의 이면에 문화와 예술을 새겨 넣었다. 수익도 홍보도 아닌 길. 단기 성과보다 오래 걸려도 옳은 방향을 좇는 길. 작은 시작을 함께 나누고 그 지속을 스스로 책임지는 방식으로.

한두 해 반짝이는 일이 아니다. 신한카드의 문화 후원은 그 자체로 시간의 층을 차곡차곡 쌓아 왔다. 조금은 느리지만 흔들림 없이.

어떤 일은 꾸준해야만 가치를 가진다.

신한카드는 그걸 예술이라고 부른다.

금융이 잇는 예술
경계 낮춘 축제

1만 8000여 명의 관람객이 2023 프리뷰성수위드신한카드를 찾았다. 나흘간 12억원 이상의 작품이 판매됐다.

신한카드는 문화·예술계와의 상생을 도모하는 아트 페어 및 아트 워크를 매년 개최하며 금융과 예술이 함께하는 새로운 트렌드를 조성하고 있다. 카드사 대표 메세나 기업으로 단단히 자리매김했다. 금융권이 주관하는 최초의 아트 페어로 주목받은 더프리뷰서울위드신한카드는 '미리보기(Preview)'라는 이름처럼, 기존 미술 시장에 편입되지 않은 신진 작가를 대상으로 한다. 앞으로도 이들이 창작 활동을 지속할 수 있는 건강한 예술 생태계를 구축하는 것이 목표인 자리다.

2021년 더프리뷰한남위드신한카드를 시작으로 제5회 '더프리뷰'는 2025년 5월 30일부터 6월 1일까지 옛 국립극단 백성희장민호극장에서 개최됐다. 대형 설치 작품과 퍼포먼스, 갤러리가 직접 기획·참여하는 특별전까지 모두가 함께 즐기고 웃는 미술 축제의 장을 마련했다. 또한 신한은행·신한투자증권·신한라이프 우수 고객을 초청하는 등 신한금융그룹의 역량과 인프라를 적극 활용해 서로 간의 시너지를 꾀했다. 2021년에서 2023년까지 그동안 이 아트 페어를 방문한 관람객은 총 3만명, 판매액은 28억원이다. 1회는 6억원, 2회 때는 10억원어치를 판매한 것으로 추정된다.

신한카드는 사내 벤처인 아트플러스의 기획력과 성장성, 신진을 발굴하고 육성하는 상생 의지를 높게 평가받아 문화체육관광부와 예술경영지원센터가 주관한 아트 페어 육성 지원 공모 사업에 2022년, 2023년, 2024년, 2025년까지 4회 연속 선정되는 쾌거도 이뤘다. 대안적, 실험적 행사를 지속해 개최 중인 아트플러스는 전시장 확보가 어려운 신진 작가 작품을 한데 모으는 한편, 최초 참가비를 없애는 등 아트 페어의 진입 장벽을 적극적으로 낮추고 있다. 90년대생 작가가 대거 아트 페어에 데뷔하고, 이에 더해 기성 작가도 신작을 앞세워 최신 트렌드를 소개한다. 직접 작품을 알리고 판매하기 어려운 작가들을 위해 올댓 아트플러스에서 온라인 판매도 지원하고 있다.

더프리뷰서울2025위드신한카드 포스터

책으로
여는
더 나은
일상

2010년부터 시작해 신한카드의 대표 프로그램으로 성장한 아름인도서관은 교육 양극화라는 사회적 문제 해결 및 미래 세대 육성을 목표로 아동, 청소년을 위해 마련한 친환경 도서관이다. 지역 복지관, 병원 등의 기관에 매해 아름인도서관을 꾸준히 구축하며 전자 도서 포함 81만여 권의 도서를 지원했고, 독서 코칭 교육인 북 멘토 프로그램, 온라인 퀴즈 대회 등 여러 프로그램도 운영하고 있다.

신한카드는 2019년 서울새활용플라자에 500번째 아름인도서관을, 2025년 5월까지 국내 544개, 해외 7개를 포함한 총 551개 도서관을 개관했으며 이 사업에 약 150억원 이상을 지원했다.

546번째 도서관은 고립·은둔 청년을 돕기 위해 마련된 서울특별시 서울청년기지개센터에 조성됐다. 이처럼 신한카드는 도서관 지원 대상과 참여 대상을 확대 운영하며, 상생의 가치를 높이는 기업으로 안전하고 건강한 사회를 만들어 가는 데 기여 중이다.

신한카드는 2014년 베트남에 해외 1호 아름인도서관을 개관하고, 미얀마·인도네시아·카자흐스탄 등 다른 진출 국가에도 아름인도서관을 마련하며 글로벌 사회 공헌 활동에서도 성과를 내고 있다.

신한카드 관계자는 "아름인도서관은 지역 사회와의 상생 경영을 실천하는 신한카드의 대표적 사회 공헌 프로그램"이라며 "앞으로도 미래 세대를 위한 금융 교육과 취약 계층의 금융 격차 해소를 위해 국내외 도서관 개관을 지속적으로 유지해 나갈 것"이라고 밝혔다.

신한카드는 임직원 급여 나눔 프로그램으로 20여 년간 누적 25억원 이상의 기부금을 모금했다. 지금껏 아름인도서관 중 11개가 임직원 기부로 마련된 도서관이고, 특히 마로니에 지역아동센터의 경우 이런 모금으로 문을 연 첫 아름인도서관이다.

2022년, 신한카드는 육군수도군단에도 군 장병을 위한 아름인도서관을 개관했다.

546번째 아름인도서관인 서울청년기지개센터 도서관에는 에세이, 소설 등 전자 도서까지 포함해 6,700여 권이 지원됐다. 청년들이 다시 사회와 연결되고 일상을 회복할 수 있도록 따뜻하고 편안한 분위기로 공간을 구성했다.

어린
예술가
작은 손의
기적

신한카드는 국내 카드사 최장수 문화 행사인 꼬마피카소그림축제를 통해 어린이가 꿈과 상상력을 마음껏 펼치고, 잠재된 예술 재능을 발견하는 기회를 얻도록 노력하고 있다.

2002년 이래 2024년 23회째를 맞은 꼬마피카소그림축제는 '행복한 우리 가족의 미래' 및 '즐거운 우리 가족의 모습'을 키워드로 진행됐다. 이때까지 누적 참가 인원만 19만여 명에 달한다.

만 4세 이상 유치부, 초등 저학년부, 초등 고학년부까지 3개 부문 각 3명에게 대상 여성가족부장관상, 최우수상 한국미술협회장상, 우수상 신한카드 대표이사상이 수여됐고, 7,000여 명을 초청해 사측 추산 가족까지 약 1만명이 참가하며 성황리 마무리됐다.

꼬마피카소그림축제는 2019년에 한해 광주, 부산까지 개최 지역이 확대됐으며, 2020년부터는 팬데믹으로 비대면 디지털 방식의 공모전으로 전환, 이후 2년간 온라인에서만 언택트 대회가 진행됐다. 2022년부터 다시 야외 오프라인 축제가 열리며 그다음 해 제22회 그림축제에서는 행사 배너, 현수막 등을 친환경 소재로 제작하고 도서 및 학용품 기부하기 캠페인을 진행하는 등 참가자들이 환경과 나눔에 대해 고민할 수 있는 계기를 마련했다. 사진은 2010년 6월 서울 중구 충무로1가 신한카드 본사에서 열린 제9회 꼬마피카소글·그림축제 시상식에서 당시 이재우 신한카드 사장과 입상한 어린이 및 부모가 기념 촬영을 하고 있는 모습.

지하철 초단편 영화제

서울교통공사가 주최하는 서울교통공사국제지하철영화제도 2022년부터 3년째 후원했다. 광화문 미디어 보드와 공식 온라인 상영관 등을 통해 210초 내외 초단편 영화를 상영하는 영화제다. 전 세계 78개국, 1,805편이 출품된 제14회 영화제에 이어, 2024년 제15회에서는 59개국, 1,669편의 작품이 출품됐다. 3만 2,000여 건의 온라인 시민 투표와 현장 관객 투표를 통해 최종 수상작이 가려졌다.

제15회 서울교통공사국제지하철영화제 포스터 / 사진=서울교통공사국제지하철영화제

공연장도
품다
문화를
심다

신한카드는 국내 문화 발전을 후원하고 대중에게 예술적 경험을 제공하고자 5개 공연장과 타이틀 스폰서십을 체결 중이다.

2021년 신한카드는 당시 팬데믹 여파로 어려움을 겪고 있는 공연 업계를 지원함과 동시에 고품격 문화 콘텐트 제공을 목적으로 블루스퀘어와 스폰서십을 맺은 바 있다. 2022년 코엑스아티움과도 계약을 맺은 신한카드는 이로써 서울 내 문화 혜택의 지리적 균형은 물론, 메세나 기업의 입지를 보다 확고히 다졌다.

현재 서울에는 신한카드쏠페이스퀘어, 블루스퀘어 신한카드홀, 블루스퀘어 쏠트래블홀, 코엑스신한카드아티움이, 부산에는 소향씨어터 신한카드홀이 있으며, 뮤지컬, 콘서트, 연주회 등이 활발히 운영되고 있다.

"봄의 색이 모두 같지 않듯이.
 그래, 너의 꿈도."

참신한글판은 신한카드가 시민들과 함께 소
통하고 일상 속 응원과 감동의 메시지를 나누
기 위해 블루스퀘어 신한카드홀 외벽에 설치된
글판이다. 공모전으로 선정된 시민들의 창작 문
구를 분기마다 게시하고 있다. 남산1호터널
한남대교 방향 진출 시 눈에 띄는 문구로 많은
관심과 공감을 얻고 있다.

posco

생활 속의 예술
예술 속의 생활

포스코그룹

1995년 포스코갤러리로 개관한 포스코미술관은 1998년 문화체육 관광부에 제1종 미술관으로 정식 등록되며 본격적인 활동을 시작했다.

포스코홀딩스의 배려와 공존, 공생의 가치를 예술을 매개로 나누고 실천하는 이 미술관은 문화·예술 전반에 대한 계속된 관심과 지원을 토대로 ▲한국 미술을 이끌어 온 중진 작가뿐 아니라 ▲전통문화의 우수성과 아름다움을 일깨우는 전시 ▲동시대 미술의 생기 넘치는 현장을 적극 소개하고 있다.

또한 여러 교육 프로그램을 운영해 일반 대중도 예술을 풍요롭게 향유할 수 있도록 사회적 역할도 성실히 수행 중이다.

8시까지
열려 있습니다

기획한 전시만 100여 회가 넘는다는 김윤희 포스코미술관 관장은 "기업 미술관인 포스코미술관의 특징은 '문턱 낮은 미술관'을 지향한다는 것"이라며 "지난해에는 그 문턱을 전보다 더 낮췄다. 시간 제약을 없애려 매주 화요일마다 오후 8시까지 야간 개장을 시작했다"고 밝혔다.

"현대 미술관인데도 2년에 한 번씩은 계속 고미술 전시를 다루고 있어요. 관람객 대다수가 회사원인데, 박물관에 못 갈 거면 회사 근처 우리 미술관에라도 오시라는 마음에서요. 개인 소장가분들께도 이 꾸준함이 통했지 싶죠. 소중한 작품을 기꺼이 대여해 주셨거든요."

최근 포스코미술관은 포스코 창립 56주년 기념전 '천기누설 고려비색'(2024)을 열고 고려청자의 최첨단 제조 기술을 강조했다. 특히 국가지정문화유산(보물)인 '청자상감연판문매병' '청자상감운학문표형 주자와 승반'을 포함한 60여 점의 작품이 전시됐다.

2020년에는 '텡 인 들녘'전을 개최, 한국 근현대 미술의 거장인 김환기·박수근·이중섭을 재조명하기도 했다. 포스코미술관에 이어 자회사 포스코 소속인 포항 포스코갤러리에서도 순회전이 이어졌다.

서울 포스코센터 앞에 설치된 프랭크 스텔라 작 '꽃이 피는 구조물-아마벨'(1997). 산업 사회를 상징하는 스테인리스 스틸로 우그러진 고목 형상을 구현, 기업의 개척 정신과 지속 가능성을 역동적 조형 언어로 형상화했다는 평가를 받는다. 작가는 딸을 잃은 지인의 사연을 반영해 추모성 부제 '아마벨'을 작에 붙였다. 사고 비행기의 부품 일부를 재료로 사용하기도 했다.

출입구
하나가
만든
변화

포스코미술관이 위치한 서울 포스코센터는 2018년 대규모 개보수를 통해 누구나 자유롭게 방문 가능한 복합 문화 공간으로 거듭났다.

더불어 포스코스퀘어가든은 2023년 생긴 또 다른 문화 공간. 포스코미술관과 함께 시민이 일상에서도 예술을 즐길 수 있는 환경을 제공한다. 무엇보다 성큰 가든이 조성되면서 미술관에의 접근성이 크게 높아졌다.

김윤희 관장은 "현대 미술은 작품 부피가 크기 때문에 층고가 높아야 하는데, 그래서 포스코미술관이 포스코센터 지하에 있다"며 "원래는 미술관에 오려면 건물 1층 입구를 경유해야 했다.

서울 포스코센터 성큰 가든 및 지하 1층
포스코미술관으로 이어지는 계단 전경

하지만 포스코스퀘어가든이 생기면서 테헤란로에서 미술관으로 바로 들어올 수 있는 입구가 새로 생겼다"고 전했다. 그러면서 "예전보다 많은 분께서 미술관을 가깝게 생각하고 자주 찾아 주신다. 점심시간에는 포스코 직원뿐만 아니고 타사 오피스 직원분들도 많이 오신다. 스퀘어가 든과 미술관이 서로 시너지를 내고 있다"고 덧붙였다.

현재 포스코센터 외부에는 미국 작가 프랭크 스텔라의 '꽃이 피는 구조물-아마벨'(1997)과 한국 작가 도흥록의 '큐브 95-II'(1995), 권치규 작가의 '서정적 풍경' 등의 조형물이 배치돼 방문 객에게 현대 조각의 아름다움과 예술적 영감을 선사하고 있다.

백남준 작 '철이 철철-TV 깔대기, TV 나무'(1995)는 작가가 포스코에 '철이 철철 넘쳐나길' 바라는 의미를 담아 직접 명명한 작품 이다. 깔때기형 구조물과 두 철제 기둥에는 294대의 TV 모니터가 설치됐으며, 철 기둥은 나무를, 모니터는 꽃과 열매를 상징한 다. 'TV 깔대기'는 백남준의 샹들리에 연작 중 최대 규모로, 애초 100대를 계획했으나 최종 208대로 확대됐다. 'TV 나무'는 아내 구보다 시게코 작가의 유작으로, 부부의 작품이 함께 전시된 공공 미술 공간은 전 세계에서 서울 포스코센터가 유일하다.

포스코
미술관
이제
광양에서도

2025년 4월, 포항(1992), 서울(1995)에 이어 광양에 세 번째 포스코미술관이 문을 열었다. 철과 빛의 도시 광양은 이를 계기로 고품격 문화 도시로의 전환을 본격화했다.

신설 미술관은 파크1538광양 홍보관에 조성됐다. 개관전 '빛의 여정'에서는 포스코그룹 소장작 중 윤형근의 '울트라마린'(1994), 박서보의 '묘법 No. 930909'(1993) 등이 공개됐다. 광양제철소 종합 준공 33주년을 기념해, 광양·포항·서울 각 지역에서 33점을 엄선했다.

포스코미술관 광양은 매일 두 차례(오전 11시, 오후 3시) 도슨트 프로그램을 운영하며, 일반 관람은 별도 예약 없이도 입장이 가능하다. 장인화 포스코그룹 회장은 개관식에서 "우리가 꿈꾸는 내일을 실현하기 위해서는 지역 사회의 성원이 무엇보다 중요하다"며 "파크1538광양이 포스코의 과거와 현재, 미래를 함께 그려 나가는 열린 문화 공간으로 거듭나길 기대한다"고 밝혔다.

포스코미술관 광양 1층 전시실 입구

파크1538광양 홍보관 외관

서울 포스코미술관 포스코 창립 56주년 기념전 '천기누설 고려비색'(2024) 포스터

서울 포스코미술관 '하태임, 강박적 아름다움에 관하여'전(2024) 포스터

서울 포스코미술관 '꽃: 찬란한 찰나'전(2025) 포스터

포스코미술관의 슬로건은 '생활 속의 예술, 예술 속의 생활'이다. 사람과 사람, 사람과 사회의 자유로운 소통을 도모하고자 한다. 김윤희 관장은 "나만 하는 생각이 아니다. (장인화) 회장님도 (정기섭) 사장님도 서울 포스코센터가 지금보다 대중 친화적인 공간이 됐으면 좋겠다는 바람을 갖고 계신다"며 "포스코센터가 문화 인프라가 참 많다. 미술관도 있고, 야외 정원도 참 좋다.

포스코 소장품,
신장식 작가의 '금강산'(1997)

안에 대형 수족관도 있다. 이 모든 게 포스코 직원만을 위한 시설이 아닌데 다들 모르시더라"고 전했
다. 그러면서 "시민분들과 더 긴밀히 소통할 수 있는 공간으로 자리매김하기 위해 다양한 전시와 프로
그램을 지속적으로 기획하고 있다. 언제든 누구에게든 열린 공간인 만큼 앞으로도 포스코미술관을
많이 찾아 주셨으면 좋겠다"고 덧붙였다.

HOBAN

건설과 예술의
운명적 만남

호반그룹

도시는 누군가의 손길로 완성된다. 기초를 다지고 골조를 세워, 그 위에 삶을 담는 공간을 만들고, 그 공간 안에서 사람들은 살아간다. 그 모든 과정의 중심에는 '건설'이라는 이름이 있다.

그러나 건설은 단지 물리적 구조물을 세우는 일에 머물지 않는다. 사람과 사람을 잇고, 마음과 마음을 잇는다. 호반그룹 얘기는 이렇게 시작한다.

호반그룹은 대한민국의 대표적인 건설 기업 가운데 하나다. 도로와 건물, 아파트와 상업 시설을 넘어서 이제는 삶의 질, 삶의 깊이를 생각하는 기업으로 발돋움했다. 이 변화의 중심에는 '예술'이 있다. 눈에 보이지는 않지만, 마음에 남는 것. 호반그룹은 그것을 늘 고심한다.

호반그룹은 오랜 시간 조용하면서도 끈기 있게 문화·예술을 향한 애정을 실천해 왔다.

그 중심에는 호반문화재단이 있다. 이 재단은 예술이 가진 생명력을 믿고, 그 생명이 사람들에게 감동과 위로를 전할 수 있다는 확신 아래 활동을 이어 간다. 그들이 만들어 낸 메세나의 결실은 해마다 더욱 단단해지고 있다.

호반미술상의
시작과
두 번째 이야기

2024 호반미술상 수상자 강요배 작가

우현희 호반문화재단 이사장(왼쪽)과 강요배 작가

2023년, 호반문화재단은 의미 있는 발걸음을 내디딘다. 중견, 원로 작가들의 창작 활동을 지원하기 위한 호반미술상을 제정한 것이다. 단순한 상금을 넘어, 작가의 예술적 성취를 조명하고 세계 무대 진출까지 돕는 이 상은 한국 미술계에 새바람을 불러왔다.

첫 수상의 영광은 화가 강운과 홍순명에게 돌아갔다. 이 상은 단지 명예를 부여하는 것을 넘어, 오랜 시간 묵묵히 자신만의 길을 걸어온 예술가들에게 보내는 진심 어린 찬사였다. "당신의 걸음은 고귀했습니다"라는 말 대신, 작품으로 전하는 존경과 응원의 메시지였다.

그리고 2024년, 호반미술상은 두 번째 수상자를 발표한다. 주인공은 강요배 작가였다. 평생을 예술에 대한 열성으로 채운다. 젊은 시절, 날카로운 시선으로 사회와 역사를 화폭에 담던 그는 1992년 제주로 돌아간 이후, 제주의 자연과 호흡하며 그 위대한 생명력을 붓끝으로 옮겼다.

호반문화재단은 그를 이렇게 소개했다. "그의 대작을 마주하면, 마치 자연 한복판에 서 있는 듯한 착각을 불러일으킵니다. 칠순을 넘긴 작가가 거대한 화폭을 오가며 춤을 추듯 그려낸 선들이, 고스란히 감상자의 가슴에 남습니다."

수상 기념 전시 '바람 소리, 물소리'(2024)는 세종문화회관과 아트스페이스호화에서 열렸다. 관람객들은 그 속에서 바람을 듣고, 물을 느끼며, 강요배라는 한 예술가의 뜨거운 삶을 마주했다.

젊은
예술가에게
전하는
응원

호반문화재단은 원로 작가의 어깨를 두드리는 동시에, 이제 막 세상과 호흡하기 시작한 청년 작가에게도 따뜻한 손을 내민다.

H-EAA(호반이머징아티스트어워드·HOBAN-Emerging Artist Awards)는 그 응원의 첫 시작이다. 이 상은 젊은 작가들을 발굴하고 지원하는 공모전으로, 단순한 수상에 머무르지 않는다. 선정된 이들은 전시 기회, 제작 지원, 국내외 진출의 디딤돌 등 다양한 실질적 혜택을 받는다.

광주에 있는 H아트랩은 젊은 예술가에게 제공되는 실험의 공간이다. 입주 작가는 이곳에서 자신의 작품 세계를 자유롭게 펼치며, 워크숍, 전시, 교류 등 활발한 활동을 이어 간다. 이곳에서 흘린 땀방울 하나하나가 새로운 창작의 씨앗이 되어 자란다. 호반이 제공한 이 공간은 그 자체로 하나의 감정의 온실이다.

2024 H-EAA 작가 7인

지역과 함께하는 호반 아트리움

2025년, 호반그룹은 과천에 새로운 문화·예술 공간을 연다. 호반아트리움은 3층 규모의 복합 문화·예술 공간으로, 단순 전시장이나 공연장이 아닌 문화 플랫폼을 표방한다. 지역 주민과 예술가가 자연스럽게 어우러질 수 있도록 설계됐다.

개관 전시 '단초의 구'(2025)에는 마르크 샤갈, 쿠사마 야요이, 김창열, 이우환 등 국내외 거장들의 작품이 함께 전시됐다. 고전과 현대를 아우르는 이 전시는 세대를 넘어선 감동을 전했다.

무엇보다도 이 공간은 '함께 느끼고, 배우고, 나누는' 장소를 지향한다. 어린이들을 위한 체험형 프로그램, 시민 대상의 예술 교육, 지역 커뮤니티와의 협업을 진행할 예정이다. 예술이 단지 눈으로 보는 것이 아니라, 삶으로 경험되는 것이다. 호반아트리움은 그렇게 지역 속에 예술의 숨결을 불어넣고 있다.

장애인을
위한
예술공작소

호반문화재단이 운영하는 예술공작소는 예술의 따뜻한 본질을 잘 드러내는 프로그램 중 하나다. 이곳에서는 발달 장애인을 위한 문화·예술 교육을 통해, 그들이 예술을 통해 자신을 표현하고 세상과 소통할 수 있도록 돕는다.

그림을 그리며 마음을 털어놓는 시간, 조형물 속에 감정을 녹여 내는 경험은 단순한 작업이 아닌 하나의 치유이다. 예술은 그렇게 사람을 다독이고, 다시 앞으로 나아갈 힘을 주는 매개체가 된다. 호반의 이 따뜻한 시도는 예술의 사회적 가치를 실천하는 모범으로 평가받고 있다.

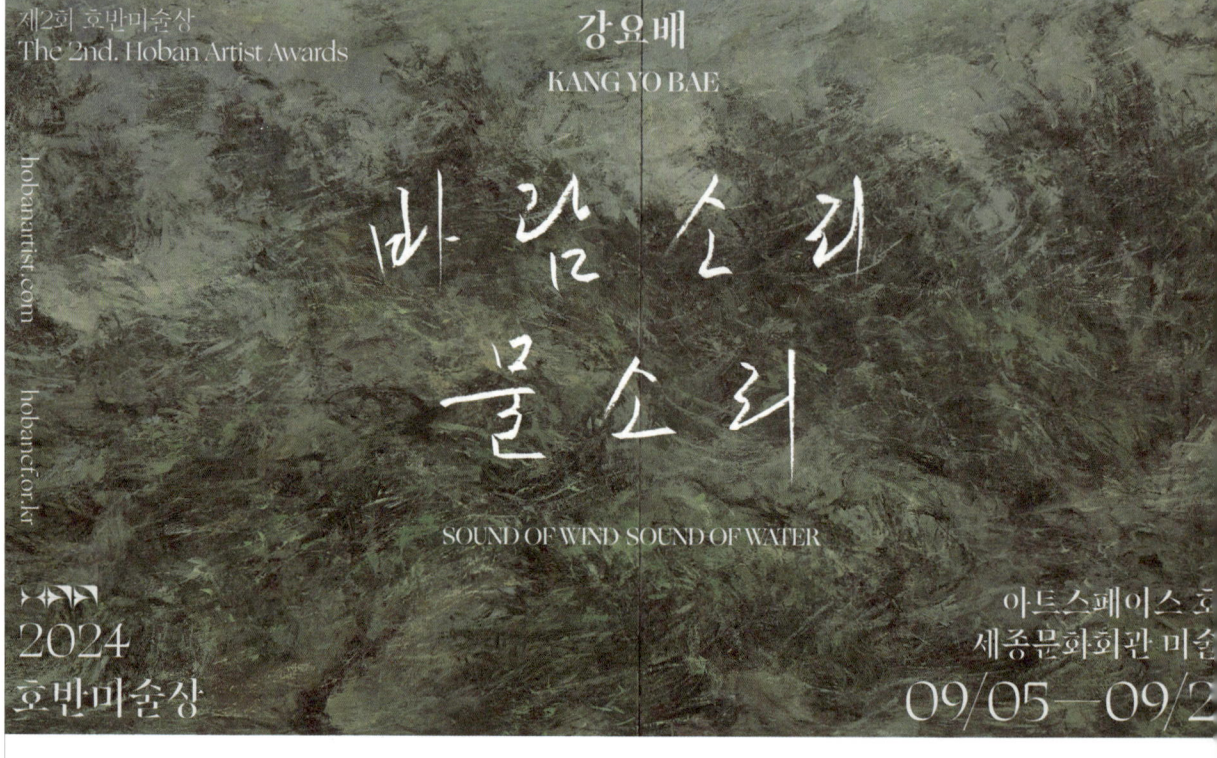

호반미술상 강요배 수상 작가전 '바람 소리, 물소리'(2024) 포스터

건설과 예술의 운명적 만남

호반그룹의 다양한 문화·예술 지원 활동은 그룹사의 사업 분야와도 훌륭한 시너지 효과를 창출하고 있다.

호반그룹은 주택 사업의 호반건설을 비롯해 상업 시설 아브뉴프랑, 주얼리 브랜드 쉐레, 삼성금거래소 등을 보유하고 있다. 건설과 유통, 주얼리 분야에서 미학적 요소는 핵심 경쟁력이라는 점에서, 호반문화재단을 통한 메세나는 기업의 정체성과 자연스럽게 연결돼 있다.

특히 호반건설은 플럭시티와 함께 추진한 건설 관리 솔루션 '쉐어드 세이프티'로 2023 iF디자인어워드에서 사용자경험(UX) 부문 금상, 서비스디자인 부문 본상을 받는 등 예술적 감각과 기술적 혁신을 결합한 성과를 거두기도 했다.

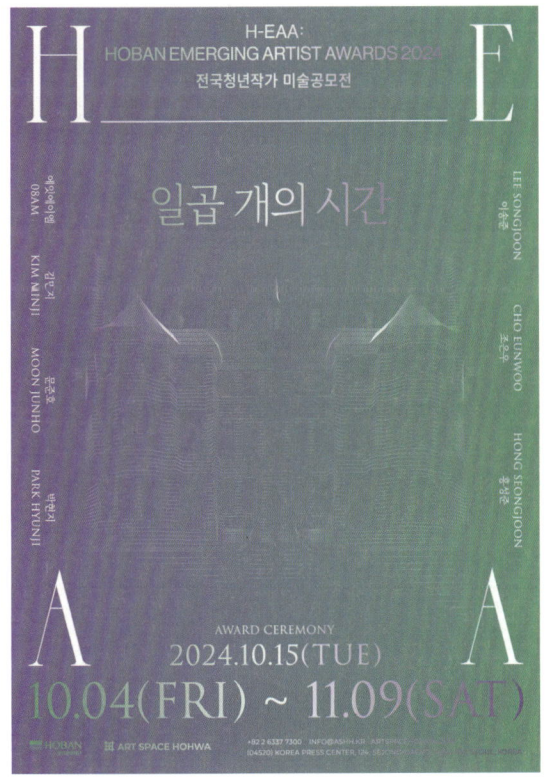

2024 H-EAA 선정 작가전 '일곱 개의 시간' 포스터

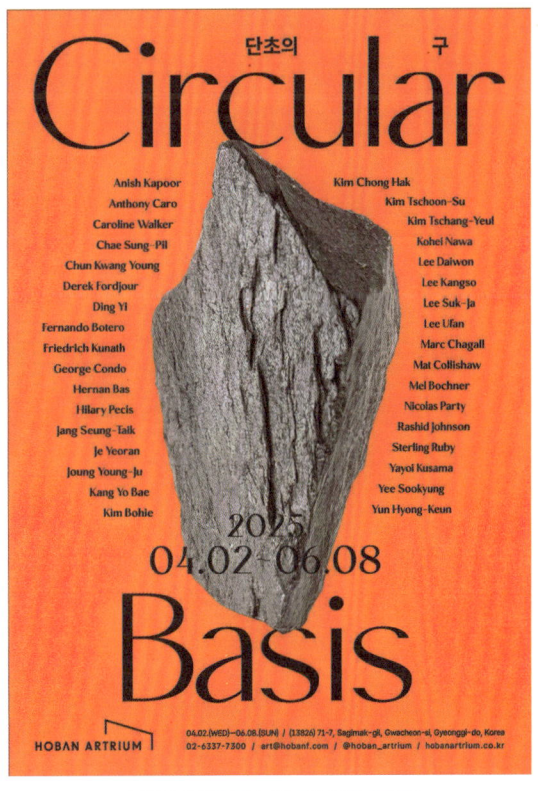

호반아트리움 '단초의 구'(2025) 포스터

조용하지만
단단한
사랑

호반그룹의 메세나는 절대 요란하지 않다. 그 안에는 예술가의 고뇌와 여정을 함께 나누고자 하는 진심이 담겨 있다. 기업의 이름으로 이뤄 낸 예술이 아니라, 사람의 마음으로 완성된 문화다.

이는 호반그룹이 가진 건설이라는 본업과도 묘하게 닮았다. 튼튼한 기반 위에 정성을 다해 짓는 과정, 그리고 그 공간에서 살아갈 사람들을 상상하는 마음. 그래서 호반의 메세나는 단지 '예술을 위한 예술'이 아니라, '삶을 위한 예술'이다.

"기업이 예술을 품는다는 건, 단지 후원이나 전시 공간을 제공하는 것이 아닙니다. 창작자들의 땀과 눈물을 이해하고, 그들과 함께 새로운 감동을 세상에 전하겠다는 다짐입니다."

우현희 호반문화재단 이사장의 말은, 지금 호반이 걷고 있는 길을 가장 정확하게 설명하는 언어다.

이지선 이화여자대학교 교수가 호반문화재단 주최 '토크 콘서트-꽤 괜찮은 해피엔딩'(2024)에서 청중과 마주하고 있다.

삶에
예술이
머무는
순간을
위하여

예술은 우리 삶을 바꾼다. 때로는 한 점의 그림이, 때로는 전시장을 거닐던 그 찰나의 순간이 누군가에게는 아주 긴 위로로 남는다.

호반그룹의 메세나는 그 찰나들을 조금 더 넓게, 더 오래도록 나누기 위한 시도다. 예술의 정거장을 세상 곳곳에 만들고, 그곳에 사람들의 이야기를 쉬어 가게 한다.

'아트 브리지'라는 슬로건처럼, 호반그룹은 예술을 통해 전통과 현대, 지역과 세계, 사람과 사람을 잇고 있다. 그 다리가 어디까지 뻗어갈지는 아직 알 수 없지만, 분명한 건 이 여정이 한국 문화·예술계에 오랫동안 남을 소중한 족적을 남기고 있다는 점이다.

나눔을 경영하다
예술로 증명하다

에쓰오일

에쓰오일의 햇살나눔캠페인은 햇살처럼 따뜻한 손길을 전해 이로써 밝은 사회를 만들고자 하는 사측의 나눔 의지를 담고 있다.

이 중 메세나는 지역사회지킴이의 일환이다. 마포와 울산 지역 주민에게 문화·예술 행사를 지원하며 각 지역의 발전을 도모한다.

2011년
문열고
2,400명
찾는 무대

에쓰오일은 2011년 서울 마포구 공덕동으로 사옥을 이전한 후 문화 체험 기회가 적은 인근 주민과 직장인을 위해 문화예술&나눔 무료 공연을 개최 중이다.

2025년 15년 차에 접어든 이 행사는 초기 300석 규모 대강당뿐 아니라, 사옥 로비에서도 공연이 열렸다. 신사옥 로비 역시 공연장으로 활용하자는 당시 아흐메드 에이 알-수베이 대표이사(2008-2012)의 제안이 건물 설계 때부터 반영된 결과였다.

점심 공연은 직원 대상, 저녁 공연은 지역 주민 대상인 투 트랙 전략이었다. 첫 공연은 지신(地神)을 밟으면 잡귀를 물리쳐 주인에게 복을 가져다준다는 뜻에서 그해 6월 27일 진행한 경기도립무용단의 '지신밟기'로, 신사옥에 입주한 에쓰오일의 성공을 응원하는 의미의 공연이었다.

한때 매년 3,000명 이상이 각종 음악 장르와 뮤지컬·연극·오페라 등 여러 문화·예술 공연을 관람했단다. 사옥 근처 광장에서 공연을 열던 시기에는 가수 김세환·심수봉, 밴드 유리상자·장기하와얼굴들·장미여관 등 대중가수를 초청해 이것이 지역 대표 문화 행사로 자리매김했던 적도 있다. 현재는 매월 200명씩 연간 약 2,400명의 인근 주민에게 다채로운 공연을 제공 중이다.

2025년 2월, 에쓰오일이 한국문화예술위원회를 통해 아트로버컴퍼니에 후원금 2억원을 전달했다.

이웃이
박수 치고
직원도
연주하는

2025년 2월에는 본사에서 문화예술&나눔 기부금 전달식을 열고 공연 주관사 아트로버컴퍼니에 사업비 겸 후원금 2억원을 전달했다. 이때까지 141회의 공연이 열렸으며, 누적 관객수는 4만여 명이다.

에쓰오일은 2015년 문화체육관광부와 문화가있는날 지원 협약을 체결한 후 매월 마지막 주 수요일 무료 공연을 열고 있다. TV조선 '미스트 롯 2' 출신 가수 강혜연의 '가을의 멜로디', 첼리스트 문태국의 클래식 토 크 콘서트 '첼로디' 등이 반향을 불러일으켰다. 그룹 억스가 새타령, 밀양 아리랑 등의 퓨전 국악을 선보이기도 했다.

에쓰오일은 매주 금요일마다 정오의작은음악회도 개최 중이다. 2009년부터 장애인 인식 개선을 위해 하트하트재단을 후원해 왔으며, 장애인 단원 7명(바이올리니스트 4명, 비올리스트 1명, 첼리스트 1명, 더블베이시스트 1명)을 사원으로 채용해 본사에서 여는 공연이다. 사 측은 "직원인 단원들은 기회의 장을 가짐과 동시에 보람을 느끼고, 음악 회를 관람하는 다른 직원들은 해당 공연으로 마음의 힐링을 얻는다"고 소개했다.

뮤지컬 배우 정원영이 에쓰오일 마포 본사 대강당에서 열린 문화 예술&나눔 콘서트 '원영이 영원 히'에서 '지금 이 순간'을 열창하 는 모습. 2024년 9월, '꿈'을 주제 로 열린 이 공연에서 정원영은 그 가 뮤지컬을 시작하게 된 계기 및 원하는 배역을 얻지 못했던 경험, 그 과정에서 배운 교훈을 솔직히 전했다. / 사진=팜트리아일랜드

클래식 토크 콘서트 '첼로디'(2025) 포스터

정유
도시에
樓
세우다

에쓰오일은 불에 타 소실된 태화루 복원 건립에 필요한 사업비 506억원 중 100억원을 3년간 분할 기부, 2014년 복원을 완료하는 등 울산 지역과의 문화·예술 협력을 긴밀히 유지 중이다.

먼저 울산 역사의 상징인 태화루는 신라 선덕여왕 시기 지어져 조선 시대 때 밀양 영남루, 진주 촉석루와 더불어 영남 3루 중 하나로 불리던 곳이다. 울산의 자긍심을 드높이고 시민에게는 쾌적한 휴식 공간을 공급하기 위해 임진왜란으로 손실된 지 400여 년 만에 부지 1만 403㎡(약 3,140평), 연면적 731㎡(약 220평) 규모로 울산 중구 태화동 일원에 복원됐다.

당시 기공식에 참석한 나세르 알 마하셔 대표이사(2012-2016)는 에쓰오일을 울산 지역 기업 시민으로 지칭하면서, 시민의 사랑에 보답하고 그 사회적 책임을 성실히 수행하려는 목적으로 태화루 사업비 일부를 후원한다고 언급했다. 첫 삽을 뜨며 그는 "태화루가 울산의 역사성과 전통성이 부활하는 문화적 상징이자 편안한 안식처가 되기를 바란다"고 말했다.

이밖에 에쓰오일은 공장이 있는 울산에 ▲울산 출신 단편 소설가 난계 오영수 선생을 기리고자 1993년 울산매일과 제정한 오영수문학상 ▲한국미술협회 울산지회가 주최하고 2025년 30돌을 맞은 아름다운눈빛미술제 ▲신진 작가 등용문 경상일보 신춘문예 ▲울산 고유 민속놀이 병영서낭치기의 복원과 보급 등을 후원해 지역 문화·예술 성장과 발전에 앞장서고 있다.

2023년 처용문화제가 폐지되고 나서는 울산공업축제에 역량을 집중, 개막일 열리는 거리 퍼레이드에 석유 화학 콘셉트 카를 만들어 행사에 참여하고 있다. 에쓰오일은 울산 지역 문화·예술 행사에 연간 2억원 가량의 후원금을 내고 있다.

당시 나세르 알 마하셔 에쓰오일 대표이사(2012-2016·왼쪽 다섯 번째)가 태화루 준공식에서 현판 제막식을 가진 뒤 관계자들과 기념 촬영을 하고 있다. 이날 행사에는 박성환 울산시장 권한대행 등을 비롯한 울산 문화·예술 관계자 150여 명이 참석했다.

나눔을 경영하다 예술로 증명하다

그동안 에쓰오일은 2013년 한국문화예술위원회 10대후원기업상 및 2020년 문화·예술 후원 우수 기관 신규 인증과 재인증(2023년), 2022년 문화재청(현 국가유산청) 사회공헌우수기업표창 등을 받으며 문화 융성을 이끌어 왔다.

에쓰오일 관계자는 "에쓰오일은 경영의 핵심 가치로 '나눔'을 명시하고 있다"며 "앞으로도 지속적으로 시민분들께 문화·예술 향유의 기회를 제공할 뿐만 아니라, 문화·예술인에게 공연의 기회를 제공하며 그 나눔의 가치를 실천해 나갈 예정"이라고 밝혔다.

에쓰오일은 2016년부터 마포 본사에 글판을 게시하고 있다. 계절에 어울리는 문구로 따뜻한 위로와 희망의 메시지를 전한다. 2025년 봄맞이 글귀로는 오은 시인의 시 '107번째 연작 시'에서 일부 구절을 따왔다.

에쓰오일 마포 본사 전경

롯데장학재단

꿈을 현실로
만드는 힘

롯데장학재단

메세나는 단순한 후원을 넘어, 사회에 변화를 이끄는 중추적 역할을 한다. 1983년 설립돼 2025년 창립 42주년을 맞은 롯데장학재단이 그 대표적인 예다.

시작은 장학금을 지급하는 등의 학술 진흥이 주요 사업이었지만, 현재는 문화 지원 활동을 통해 문인 및 예술인에게 새로운 가능성과 희망을 선사하고 있다.

특히 외손녀인 장혜선 롯데장학재단·롯데삼동복지재단 이사장은 이러한 활동을 주도하며 롯데그룹 창업주 신격호 명예회장의 유산을 계승하고 있다.

문학과 예술을 사랑했던 신격호 명예회장의 정신을 기반으로, 롯데는 새 시대 예술가를 지원하며 그들의 꿈을 현실로 구체화하고 있다.

"롯데의 후원이 공모 참여를 고민하던 사람들에게 힘이 된다는 이야기를 들었을 때, 그 말이 정말 기뻤어요. 사람들에게 희망을 줄 수 있다니요. 작은 후원이지만 큰 의미가 된다는 걸 깨달은 순간이었죠."

서울 중구 롯데빌딩 26층 롯데재단 사무실에서 만난 장혜선 이사장은 신격호샤롯데문학상을 통해 세상과 희망을 나누는 기쁨을 이렇게 전했다.

청년 신격호의 꿈
문학상으로 재탄생

이 문학상은 젊은 시절, 문학에 남다른 열정을 품었던 신격호 명예회장의 뜻을 기리기 위해 제정된 상이다. 사명(社名) 롯데가 독일의 작가이자 철학자인 요한 볼프강 폰 괴테가 쓴 소설 '젊은 베르테르의 슬픔'의 여주인공 샤를로테에서 유래했다는 사실은 이미 잘 알려진 바다. 특히 이 상은 창업주 이름을 딴 대한민국 최초의 문학상으로 그 의미가 깊다. 이런 신격호의 문학 정신을 계승하고자 시작된 신격호샤롯데문학상은 국내 문인에게 창작 활동에 대한 동기를 부여하고 있다.

2024년 제1회 문학상에서는 각 부문 대상작으로 표명희 작가의 장편 소설 '버샤', 김이듬 시인의 시집 '투명한 것과 없는 것', 민병일 작가의 산문집 '담장의 말'이 선정됐다. 장혜선 이사장은 "할아버지가 못다 이룬 꿈을 모쪼록 다른 분들이라도 대신 이루어 주시기를 바라는 마음에서 만든 상"이라며 "샤롯데문학상이 많은 문인에게 새로운 영감과 희망을 줄 수 있다면, 그 자체로 성공한 것"이라는 소신을 밝혔다.

대상 3명에게 각 2,000만원, 최우수상 6명에게 각 500만원, 총 9,000만원의 상금이 지급된다. 재단 관계자는 "선발 과정은 '공정'과 '청렴'을 원칙으로 3차에 걸쳐 진행된다"며 "과거 출판문화대상의 경우 상금 대부분이 출판사로 돌아가 작가가 받는 비중이 30% 정도밖에 되지 않았다. 이 문제를 개선하고자 문학상을 개편해 작가가 상금을 직접 받을 수 있도록 했다"고 설명했다.

롯데재단 사무실에서 만난 장혜선 롯데장학재단 이사장 / 사진=김윤경 작가

롯데장학재단은 이뿐만 아니라 샤롯데독서미술대전도 지원하고 있다. 이 대회는 전국의 초·중·고등학생과 청소년을 대상으로, 책을 읽고 느낀 감정을 미술 작품으로 표현하는 행사다. 수채화, 아크릴화, 웹툰, 포스터 등 다양한 방식으로 표현할 수 있으며, 이를 통해 학생들은 창의성과 독서에 대한 흥미를 동시에 끌어낼 수 있다. 대상 3명과 최우수상 6명, 우수상 6명 등을 선정하며, 총상금은 2,500만원이다.

장혜선 이사장은 "이 대회를 통해 학생들이 자연스럽게 책을 읽고, 그 책 속에서 발견한 감정을 예술로 표현하며 자기 자신을 성장시킬 수 있기를 바란다"고 말했다.

신격호샤롯데문학상과 샤롯데독서미술대전 외에도 롯데장학재단은 예술인 자립을 지원하는 장학 사업도 운영하고 있다. 2024년 처음 시작된 신격호롯데예술가자립지원장학사업은 M컬쳐스와 협력, 음악적 재능이 있는 학생과 어려운 환경에 처한 예술가가 경제적 제약 없이 자신의 역량을 펼칠 수 있도록 지원하는 활동이다.

2025년에는 ▲예술 관련 전공 대학생을 위한 예술영재지원 ▲졸업 후 초기 진입 단계의 신진 예술가를 위한 예술가디딤지원 ▲경제적 어려움을 겪고 있는 기성 예술가를 위한 예술가자립지원까지 3개 트랙을 통해 장학생을 선발했다. 각 지원 유형별로 인당 400만원에서 600만원의 장학금이 지급되며, 전체 지원 규모는 총 6,000만원이다.

장혜선 이사장은 2025 장학 증서 수여식에서 "예술인이 되기 위해선 노력도 필요하지만 타고난 자질도 필요한데, 여기 계신 장학생 여러분들은 이미 특별한 재능을 가지고 태어난 분들"이라며 "재단은 여러분이 어려운 환경으로 인해 꿈을 포기하지 않도록 도울 것이고, 이는 제 외할아버지이신 신격호 명예회장님께서 롯데장학재단을 설립하신 이유이기도 하다"고 밝혔다.

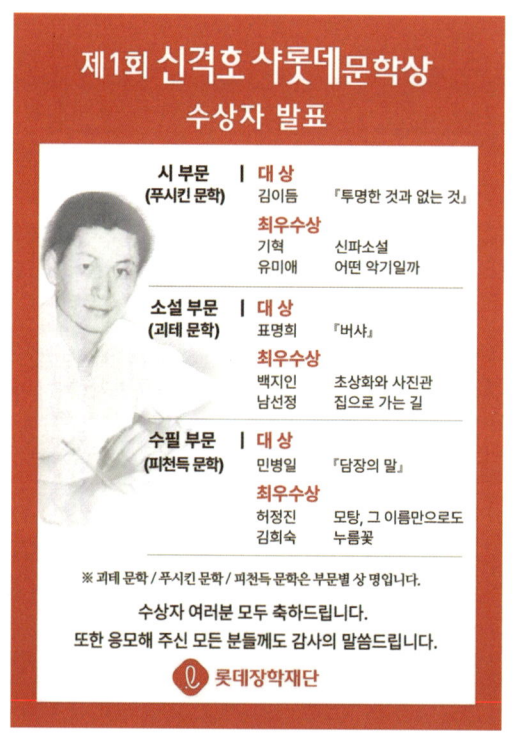

제1회 신격호샤롯데문학상
수상자 발표

2024년 11월, 롯데장학재단이 서울 마포구 마포중앙도서관에서 신격호 명예회장의 문학 사랑을 기리는 제1회 신격호샤롯데문학상 시상식을 개최했다. 장혜선 롯데장학재단 이사장이 인사말을 하고 있는 모습.

신격호 롯데그룹 명예회장

롯데장학재단은 앞으로도 지속적으로 문화·예술을 지원하며, 신격호 명예회장의 '꿈'을 현대에도 이어 갈 것이다. 장혜선 이사장은 "한국에는 재능 있는 예술가가 매우 많다. 하지만 그들 중에는 자신의 꿈을 미처 펼치지 못한 채 예술과는 다른 길을 걷는 분도 계신다. 그분들이 예술 활동을 계속할 수 있도록 격려하고, 지원해 주고 싶다"고 말했다.

아울러 "신격호샤롯데문학상, 신격호롯데예술가자립지원장학사업 등 지난해 신설된 문화·예술 관련 사업은 재단의 시범 사업으로 생각해 주시면 좋겠다. 이 사업을 추진하면서 예술만이 가지고 있는 특별한 힘을 알게 됐고, 관심도 점차 깊어졌다. 예술 분야에 대한 재단의 지원을 점진적으로 늘려 볼 생각"이라고 덧붙였다.

"롯데재단(롯데장학재단·롯데복지재단·롯데삼동복지재단)의 뿌리를 먼저 말씀드리고 싶어요. 할아버지께서 재단을 사비로 설립하셨을 당시, 그 목적은 결코 재력을 과시하기 위한 게 아니었거든요. 오히려 순수한 마음이 더 컸죠. 꿈과 희망을 나누며, 이를 통해 풍요롭고 아름다운 세상을 만들자고 하셨어요. 그렇기 때문에 저와 재단이 하는 모든 활동은 노블레스 오블리주라는 표현보단 부디 마음에서 우러나서 움직이는 일이라고 생각해 주셨으면 좋겠어요. 그것이 할아버지의 뜻이며, 제가 이곳에 있는 이유가 아닐까요?"

장혜선 롯데장학재단 이사장(왼쪽에서 여섯 번째)과 제1회 신격호샤롯데문학상 수상자들

장혜선 이사장은 "선순환이 중요하다. 그것이야말로 내가 롯데재단에서 가장 먼저 이루고 싶은 과제"라며 "솔직히 과거에는 '이게 과연 달라질까?'라는 생각을 했던 것도 사실이다. 그러나 어느 순간, 내가 먼저 세상을 돕기 시작하면 그 마음이 다른 사람에게도 전해질 수 있다는 확신이 생겼다. 사회뿐만 아니라 문화·예술 분야에서도 이 선순환이 가속화될 수 있도록 전력을 경주하겠다"고 밝혔다.

장혜선 롯데장학재단 이사장(앞줄 여섯 번째)이 2025 신격호롯데예술가자립지원장학사업 장학생들과 함께 기념 사진을 촬영하고 있다.

테너 김준서가 2025 신격호롯데예술가자립지원장학사업 수여식의 일환으로 오페라 '베르테르' 중 '왜 나를 깨우는가?'를 선보였다.

농심

씨앗을 심다
문화로 꽃피우다

농심

농심은 '이농심행 무불성사'라는 경영 철학을 바탕으로, 농부의 마음가짐으로 임하면 무엇이든 해낼 수 있다는 신념을 지니고 있다. 모든 일은 서두르지 않고 순리를 따를 때 가장 이상적인 결과를 얻을 수 있다는 것이다.

오늘 뿌려진 씨앗과 정성스레 일구어진 밭은 내일을 더 풍요롭게 만들기 위한 초석이다.

이 같은 가치 속에서 농심은 전통과 현재, 사람과 사회가 서로 조화를 이룰 수 있는 소중한 변화를 만들어 가고 있다.

신라면 자부심
무형유산을 품다

케잇데이 '옻칠 식기로 즐기는 라면' 행사에서 참가자들이 옻칠 면기에 담긴 농심 라면을 먹고 있다. / 사진=케이티풀

"최근 전 세계적으로 불고 있는 K컬처와 K푸드 열풍은 한국 제품에 대한 관심을 높이는 동시에 해외 교민에게 한국인으로서의 자부심을 심어 주고 있습니다. 이제 무형유산도 또 다른 K콘텐트로 자리 잡을 수 있도록 다양한 사업을 추진하겠습니다." 농심 이병학 대표이사의 말이다.

농심은 얼큰한 소고기국 맛의 신라면과 된장을 기본으로 한 안성탕면 등 한국 전통 식문화를 활용한 제품으로 전 세계 소비자의 입맛을 사로잡아 왔다. 특히 신라면을 통해 해외 시장에서 큰 성과를 이루며 국내 무형유산의 중요성을 새롭게 인식했다.

이것의 연장선에서 국가무형유산 이수자의 활동 기반을 확대하고 그 가치를 높이고자 2024년 국립무형유산원과 함께 3억원 규모의 지원 사업을 진행하기로 했다. 이는 식품 업계 최초의 시도다.

국가무형유산 전승 체계는 보유자, 전승교육사, 이수자로 나뉘는데, 이 중 이수자에 대한 지원이 상대적으로 부족한 상황이다. 등록된 7,000여 명의 이수자 중 실제 활동 중인 인원은 30%인 약 2,000명에 불과하다. 이에 농심은 이수자가 기획하고 주관하는 원데이 클래스 등을 통해 국가무형유산에 대한 사회적 관심을 끌어내고 있다.

농심 관계자는 "신라면이 글로벌 시장에서 성공한 이유는 그 속에 가장 한국적인 요소를 담아냈기 때문"이라며 "K푸드를 대표하는 기업으로서 국가무형유산 이수자에게 여러 지원 활동을 이어 가겠다"고 밝혔다.

칠기의
품격
K라면의
미감

케잇데이는 한국(K)의 아름다움을 잇(IT)고자 마련된 체험형 전통문화 팝업 행사다. 2024년 8월, 농심은 잠실 국가유산체험센터에서 농심이 후원하고 케이티풀이 주관한 케잇데이 '옻칠 식기로 즐기는 라면' 행사를 성황리에 마쳤다. 안소라 칠장 이수자가 직접 만든 옻칠 면기와 젓가락을 활용해 농심 라면을 시식하는 자리였다. 참가자들은 시식에 사용된 옻칠 식기 세트를 기념품으로 받아 일상에서도 전통 공예품을 활용할 수 있었다.

한 참가자는 "전통 그릇에 담긴 라면이 훨씬 멋스럽고 맛있게 느껴졌다"며 "우리나라 칠기 문화유산의 중요성을 새롭게 알게 되는 기회였다"고 소감을 밝혔다. 그해 농심 케잇데이는 국가무형유산 이수자 및 다양한 전통문화를 소개하며 총 16회 진행됐다. 약 1,000명이 참가하는 성과를 거뒀다.

▲소목장(이재웅 이수자) ▲화혜장(황덕성 이수자) ▲선자장(김대성 이수자) ▲채상장(김승우 이수자) ▲매듭장(박형민 이수자) ▲하회별신굿탈놀이(신준하 이수자) ▲칠장(안소라 이수자) ▲단청장(곽선혜·이원정 이수자) ▲자수장(이영분 이수자) ▲누비장(오인원 이수자) ▲조선왕조궁중음식(이종민 이수자) ▲조각장(김종욱 이수자) ▲두석장(김진환 이수자) ▲피리정악 및 대취타(김진구 이수자) ▲거문고산조(김지성 이수자) 등 각 분야의 이수자가 참여했으며, 미니 장구 만들기 등의 활동도 포함됐다.

2025년에는 기존 이수자에 더해, 김나연 한산모시짜기 이수자와 함께 모시의 아름다움을 담은 여름 풍경(風磬)을 만드는 데도 일조했다. 한 필에 100만원이 넘는 귀한 옷감, 그 결을 손끝으로 느낄 수 있는 순간이었다. 한산모시 특유의 고운 결과 종의 울림이 만나 기분 좋은 바람 소리를 전했다.

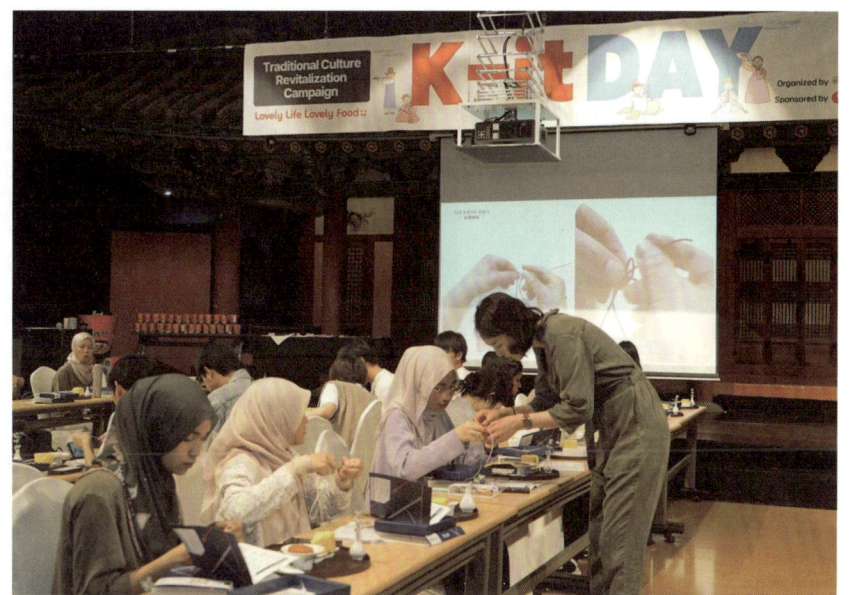

2025년 5월, 농심이 서울 송파구 국가유산체험센터에서 말레이시아 국비 유학생 50여 명을 대상으로 케잇데이를 진행했다. 박형민 매듭장 이수자가 한국 전통 공예 기술인 매듭장을 시연하고, 유학생들이 직접 매듭 팔찌와 키링을 만들어 보는 시간을 가졌다. / 사진=케이티풀

케잇데이 EP.24

한산모시짜기

국가무형유산

한국의 아름다움을 잇다

김나연 이수자

25.06.21 (SAT)
17:00~19:00

25.06.22 (SUN)
17:00~19:00

국가유산체험센터
서울시 송파구 올림픽로 240, 3F

케잇데이 EP. 24 한산모시짜기 김나연 이수자 포스터 / 사진=케이티풀

장인의 손길 굿즈가 되다

김형철 소목장 이수자의 국가무형유산 명품 에디션 / 사진=케이티풀

이수자의 경제적 자립과 전통문화의 지속 가능성을 도모하기 위해 농심은 전통 굿즈 개발을 지원하고 있다. 이 사업은 이수자가 직접 개발한 전통 굿즈를 통해 판매 수익을 창출하고, 이를 전승 활동비와 새로운 굿즈 개발비로 활용하는 선순환 구조를 목표로 한다.

1차 연도인 2024년에는 체험형 전통 팝업 운영과 전통 굿즈 개발 및 판매에 각각 1.5억원씩 3억원의 기부금이 투입됐다. 이후 2차 연도부터는 팝업 운영에만 1.5억원을 쓴다. 전통 굿즈에 대해서는 판매 수익금을 재투자해 생산 및 지원 활동을 벌인다.

농심과 케이티풀이 협업해 개발한 첫 전통 굿즈는 김형철 소목장 이수자와의 협업으로 탄생했다. 그중 헤리티지 보관함은 팔만대장경 제작에 사용된 산벚나무를 최소 5년간 건조, 나무 그대로의 섬세함을 살려 제작됐다. 뚜껑의 음각 포인트, 안정감을 더하는 다리 디자인, 작은 나무 조각을 끼워 맞춘 장식 등 높은 완성도가 돋보인다. 단 100개만 제작돼 소장 가치가 높은 작품으로 평가받는다.

김형철 이수자는 "전통 가구는 시간이 오래 걸리는 느림의 미학이다. 그 과정에서만 느낄 수 있는 진정한 아름다움이 있다"고 설명했다. 아울러 "그간 혼자 작업을 이어 왔지만, 이번 함께하는K무형유산을 통해 내 작품이 더 많은 사람에게 알려지고 새로운 가능성을 열 수 있어 기쁘다"고 덧붙였다.

辛나는
음악
心으로
연주하다

농심은 사회 공헌 활동의 일환으로 2023년 5월부터 발달 장애인 음악단 농심신(辛)나는심(心)포니를 운영하고 있다. 농심은 21명을 정식 직원으로 채용해 이들의 안정적인 음악 활동을 지원 중이다.

창단 취지에 관해 농심 관계자는 "이들이 자기 역량을 발휘하면서 성장할 수 있게 돕는 것이 가장 중요하다"며 "음악에 대한 열정이 직업으로 연결된다면 보다 주체적인 삶을 만들어 가는 데 큰 힘이 될 것"이라고 밝혔다. 음악단은 피아노, 첼로, 기타, 색소폰, 드럼, 성악 등 다양한 파트로 구성돼 있으며, 전국 학교와 복지 시설, 지역 축제, 농심 사내 행사 등에서 매월 10회 이상의 공연을 열고 있다.

농심 본사에서 열린 농심신나는심포니 창단식에서 이병학 농심 대표이사(왼쪽부터 여섯 번째)와 단원들이 포즈를 취하고 있다.

뜨거운 응원 농심신라면상

농심은 전주국제영화제와 2년 연속 협력해 K푸드와 K콘텐트의 동반 성장을 도모하고 있다.

2025년 4월, 서울 동작구 농심 본사에서 전주국제영화제 조직위원회와 업무협약(MOU)을 맺고 특별상 농심신라면상을 제정했다. '성장과 결실'이라는 의미와, 세계적 브랜드로 자리 잡은 신라면처럼 수상자가 한국을 대표하는 감독으로 성장하기를 바라는 뜻을 담고 있다.

2025년 제26회 전주국제영화제 농심신라면상 수상작으로는 성스러운 감독의 '여름의 카메라'가 선정됐다. 창의적이고 도전적인 작품 활동을 독려한다는 취지 아래, 무엇보다 영화적 완성도가 높은 점이 일차 평가됐다.

성스러운 감독은 "이 상을 수상하면서 퀴어가 안전한 세상에 미약하게나마 일조했다는 생각이 든다. 앞으로도 계속 영화를 해도 된다는 말씀으로 이해하고 계속 더 노력하겠다"며 앞으로의 행보에 대해 기대감을 높였다. 농심 관계자는 "한국의 식문화를 알리기 위한 다양한 활동으로 K푸드 대표 기업 이미지를 강화할 것"이라고 말했다.

농심과 전주국제영화제가 손을 맞잡았다. 왼쪽부터 민성욱, 정준호 전주국제영화제 공동집행위원장, 이병학 농심 대표이사, 조용철 농심 부사장.

씨앗을
심다
문화로
꽃피우다

농심은 씨와 종자를 형상화한 심볼인 농심시드(農心本)처럼   문화와 예술 분야에서도 씨앗을 심고 열매를 맺는 생명의 근본을 구현해 나갈 계획이다.

농심 관계자는 "'인생을 맛있게'라는 슬로건 아래 음식을 바탕으로 한 인생의 행복한 순간을 제공하고자 노력하고 있다"며 "국가무형유산, 음악, 영화뿐만 아니라 전 세계 사람들이 함께 행복해질 수 있는 다양한 문화·예술 지원 활동을 지속적으로 전개할 것"이라고 전했다.

제26회 전주국제영화제 농심신라면상 시상 모습. 수상자 성스러운 감독(왼쪽 세 번째)이 심규철 농심 상무(왼쪽 두 번째)와 기념 촬영을 하고 있다. 한국 경쟁 부문 심사위원 곽신애 프로듀서(맨 왼쪽)도 시상식에 함께했다. / 사진=전주국제영화제

RIOT GAMES

100억 기부 앞둔
국가유산 지킴이

라이엇게임즈코리아

"라이엇게임즈 만세!"

때는 2019년 6월, 장소는 국립고궁박물관 강당. 당시 정재숙 문화재청장(현 국가유산청장)이 이런 인사말을 전한다.

"라이엇게임즈가 문화재(현 국가유산) 보호 사업에 있어 으뜸"이라는 말도 덧붙인다.

이날은 라이엇게임즈코리아가 후원한 2점의 왕실 유물, '백자이동궁명사각호'와 '중화궁인'이 마침내 국외에서 환수된 역사적인 순간이었다.

국가유산 보호는 국가적 과제지만 민간의 협력이 없으면 해결하기 어려운 부분이 많다. 그중 환수는 경매 일정이 촉박하고 사전 협상이 필요하기 때문에 민간 기업의 신속한 후원이 매우 중요한 역할을 한다. 이에 라이엇게임즈코리아는 빠르고 강력한 지원으로 해외 경매에서 국가유산을 확보하고, 이를 되찾는 데 기여하고 있다.

국가유산청은 두 유물이 그해 3월 미국 뉴욕 경매에 나왔으며, 이를 국외소재문화유산재단이 확인해 라이엇게임즈코리아가 후원한 환수 기금으로 유물을 매입했다고 밝혔다. 지속적으로 기금을 준비해 놓고 있고, 결정적 순간에 즉각 자금을 지원할 수 있는 특수 기업인 것이다. 게임 회사로 시작했지만, 이제는 한국 국가유산 보호에 있어서 가장 중요한 민간 후원 기업으로 자리 잡았다.

'효명세자빈책봉죽책'은 6면으로 구성된 대나무 책으로, 죽책은 조선 왕실에서 왕세자, 왕세자빈, 왕세손 등을 책봉할 때 그에 관한 글을 대나무쪽에 새겨 수여하던 중요 의례 상징물이다. 이름에서 알 수 있듯, 조선 제24대 왕 헌종의 어머니인 효명세자빈을 책봉하며 제작된 것이다. / 사진=국립고궁박물관

게임으로 지키는 국가유산

글로벌 게임 기업 라이엇게임즈의 한국 지사인 라이엇게임즈코리아는 2011년 '리그 오브 레전드'를 한국 시장에 출시하며 국내에 첫발을 내디뎠다.

게임 회사가 사회 공헌 활동을 고민하는 것은 이제 흔한 일이 됐다. 그러나 라이엇게임즈코리아는 국가유산 보호라는 독특한 방향을 선택했다.

이 모든 것은 같은 해, 한국형 챔피언 '아리'의 출시와 함께 시작됐다. 아리는 전통 설화 속 구미호를 기반으로 제작된 캐릭터로, 라이엇게임즈코리아는 이 챔피언의 초기 판매 수익을 한국 사회에 기부하기로 결정했다.

라이엇게임즈코리아 관계자는 "게임도 문화의 일부이며, 특히 라이엇게임즈가 현대 문화 콘텐트인 게임을 만드는 기업으로서 과거의 국가유산을 환수·보존·연구하는 역할을 할 수 있다는 것에 큰 의미가 있다"고 밝혔다. 이어 "본사에서도 이러한 취지에 공감하며 한국 오피스의 사회 공헌 활동을 지지해 줬다"고 덧붙였다.

이후 2012년, 라이엇게임즈코리아는 당시 문화재청과 한문화재한지킴이(현 국가유산지킴이) 협약을 체결하며 본격적으로 국가유산 보호 활동에 뛰어들었다. 그리고 일회성 후원이 아닌, 꾸준히 지속되는 장기 프로젝트로 국가유산 보호 활동을 확장해 나가기 시작한다.

2019년 3월, 국가유산청은 을미의병 당시 안동 지역 의병장으로 활약한 척암 김도화의 '척암선생문집책판' 1장을 독일에서 매입해 국내로 들여왔다. 책판 1000여 장 중, 권9의 23, 24장에 해당된다. / 사진=국가유산청

'중화궁인'(왼쪽)과 '백자이동궁명사각호' / 사진=국가유산청

해외로
떠난 유산
라이엇이
되찾는다

라이엇게임즈코리아는 지난 13년 동안 올 2월까지 7건의 국외 국가유산 환수 프로젝트를 지원했다. 2014년 미국 버지니아주의 허미티지박물관에서 보관 중이던 '석가삼존도'를 환수하면서 처음으로 국외 국가유산 환수에 기여했고, 이는 외국계 기업이 국가유산 반환 사업에 참여한 최초의 사례다.

이후 2018년 '문조비신정왕후왕세자빈책봉죽책', 2019년 '척암선생문집책판'과 '백자이동궁명사각호' '중화궁인'을 되찾았다. 특히 죽책은 2023년 6월 문화재청에 의해 국가지정문화유산(보물)으로 지정됐다. 민간 기업이 환수를 지원한 국외 소재 국가유산이 보물로 인정된 것은 이때가 처음이다. 최근에는 2022년 '보록'과 2024년 '경복궁선원전편액'까지 귀환시키며 그 영향력을 더욱 확대했다.

회사 관계자에 따르면 전문 기관인 국가유산청과 국외소재문화유산재단이 환수 대상을 선정하며, 라이엇게임즈코리아는 이들의 검토 결과를 존중하고 필요 자금을 지원하는 역할을 맡는다. 그러면서 "경매를 통한 환수는 촉박한 결정이 필요한 경우가 많다. 라이엇이 신속한 기금 지원 결정을 내리는 것이 중요하다"고 재차 설명했다.

라이엇게임즈코리아는 2013년부터 국내에서도 긴급 구매가 필요한 국가유산에 관련 지원을 하고 있다. 문화유산국민신탁과 2022년까지 누적 72건, 95점의 국내 긴급 구매를 함께했다.

'경복궁선원전편액' / 사진=국가유산청

복원된 주미대한제국공사관 외관 / 사진=국가유산청

과거와
마주하다
역사를
되살리다

라이엇게임즈코리아는 근대 국가유산도 보호 및 복원에 적극적으로 나서고 있다. 대표적 사례가 2018년 서울 종로구에 위치한 이상의집 리모델링 및 재개관 지원 사업이다. 이상의집은 한국 근대 문학을 대표하는 시인이자 소설가인 이상이 생전 머물던 공간이다.

라이엇게임즈코리아는 2017년 문화재청에 기부한 기금 중에 일부를 활용, 집의 새 단장을 전액 후원했다. 아카이브 구축 및 편의 시설 확충을 통해 문화 향유 공간의 기능이 한층 강화됐다.

라이엇게임즈코리아는 해외에 위치한 역사적 공간을 보존하는 프로젝트도 후원해 왔다. 2016년, 주미대한제국공사관 전시관 조성 지원 사업이다. 라이엇게임즈코리아는 후원 약정식에서 5억원을 기부했다.

주미대한제국공사관은 대한 제국이 1889년 워싱턴 D.C.에 설립한 외교 공간으로, 조선 왕조와 대한 제국 시기의 대미 외교 활동을 증명하는 중요 건축물이다. 하지만 일제에 의해 강제 매각됐고, 이후 건물 소유주가 바뀌면서 한국과의 역사적 연관성이 점차 희미해졌다. 이에 대한민국 정부가 2012년에 해당 건물을 다시 매입했다.

라이엇게임즈코리아는 건물 3층 전시 콘텐트 개발을 지원하며, 주미대한제국공사관이 일반 유적지를 넘어 대한 제국 외교사 및 한미 교류사를 조망할 수 있는 역사 교육 공간으로 변모할 수 있도록 도왔다. 국가유산청은 이런 라이엇게임즈코리아의 후원에 감사장을 전달하기도 했다.

라이엇게임즈코리아는 국립고궁박물관과 협력해 조선 왕실의 귀중한 유물을 보존하는 사업에도 후원을 아끼지 않았다. 과거 왕실에서 사용한 '노부'의 보존 처리 지원 사업이다. 노부는 국왕 행차 시 왕의 위엄을 드러내고 호위를 강화하기 위해 행렬 주변에 배치된 깃발과 각종 의장물을 뜻한다. 한동안 각 궁궐과 왕릉에 보관되다 2005년 국립고궁박물관 개관과 함께 이관돼 관리 중이었다. 보존 처리는 2015년과 2022년에 각각 25점, 15점이 성공리에 이뤄졌다.

조선 왕실 문화유산 서화류 복제 사업은 '책가노병풍' '종묘친제규제도설병풍' '보소당인존' 총 3건, 9점을 대상으로 진행됐다. 이들 복제본은 2025년 초 완성돼 대중에 처음 공개됐다.

'종묘친제규제도설병풍'
/ 사진=국가유산청

100억 기부 앞둔 국가유산 지킴이

이러한 노력을 인정받아 라이엇게임즈코리아는 각종 기관 및 정부로부터 수차례 상을 받기도 했다. 2013년 대한민국게임대상 사회공헌우수기업상을 받으며 게임 산업 내 사회적 가치를 창출하는 기업으로 주목받기 시작했다. 이 상은 6년 후 한 차례 더 수상 기록이 있다.

이후 2014년 문화재지킴이전국대회 문화재지킴이활동우수사례 부문 문화재청장 표창을, 2017년 문화유산보호유공자포상 시상식에서 봉사·활용 부문 대통령 표창을 받았다. 국가유산 분야에서 외국계 기업이 대통령 표창을 받은 것은 그간 없던 일이었다.

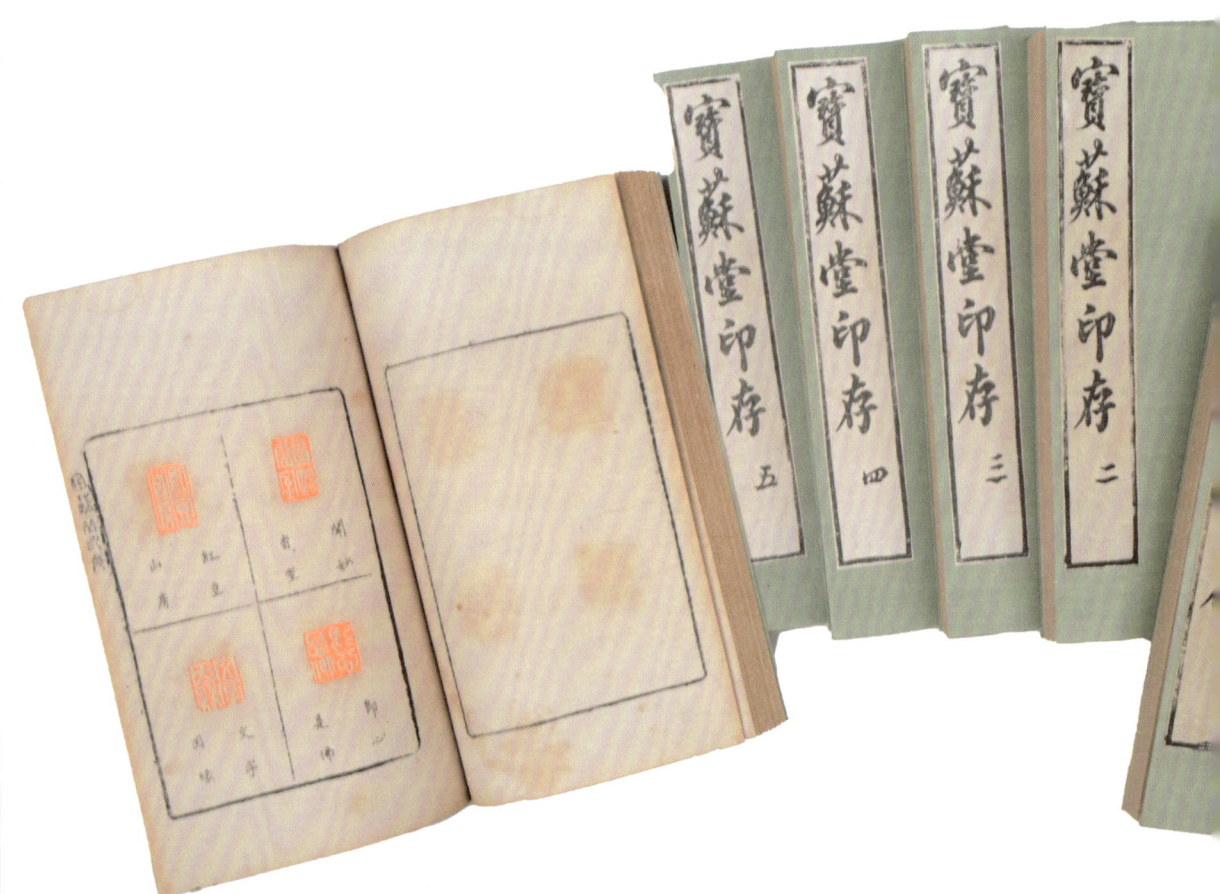

'보소당인존' 서책 / 사진=국가유산청

라이엇게임즈코리아는 누적 후원금 100억원 돌파를 눈앞에 두고 있다. 2024년 12월 기준, 8억원에 대한 후원 약정식이 있었고 누적 기부금은 약 93억원에 달한다. 회사는 매년 국가유산청과의 협의를 통해 국외 소재 국가유산 환수뿐만 아니라 국내 유산 보호 및 긴급 구매, 청소년 교육 등 다양한 프로젝트에 기부금을 사용하고 있다.

국외 유산 환수 소식이 전해질 때마다 유저들은 "한국 기업보다 더 한국다운 라이엇"이라는 반응을 보이며 뿌듯함을 나타내곤 한다. 자신은 단순히 게임을 즐겼을 뿐인데, 사회의 소중한 유산을 지키는 데 기여할 수 있었다는 점에서 많은 유저가 보람을 느끼고 있다.

조혁진 라이엇게임즈코리아 대표는 "지금까지의 성과는 회사 혼자만의 힘으로 이뤄질 수 없었다"며 "국가유산청 및 국외소재문화유산재단과 문화유산국민신탁 등 여러 기관이 우리의 진심을 이해하고 적극적으로 협력해 주신 덕"이라고 전했다.

"라이엇게임즈코리아의 기부와 사회 공헌 활동에는 라이엇게임즈라는 기업의 이름만이 아니라, 우리 게임을 사랑하는 수백만 플레이어들의 마음도 함께 담겨 있습니다. 이들과 함께 한국의 유산을 보호하는 의미 있는 여정을 앞으로도 계속 이어 나가겠습니다."

동아제약

문화·예술의
피로 회복제

동아제약

오래전, 끼니를 해결하기도 어려워 돌아서면 배가 고팠던 보릿고개 시절. 그때 동아제약 창업주 강중희 명예회장은 집에 찾아온 손님에게 가마솥으로 지은 밥을 대접하며 그들의 편의를 도왔다.

가마솥에서 나오는 온기와 정은 자연스레 회사의 뿌리가 됐다. 이른바 '가마솥 정신'의 탄생이다.

동아제약과 동아쏘시오그룹은 강중기 명예회장의 가마솥 정신을 이어받아 정도경영을 경영 철학으로 삼고 있다.

흔히 정도경영에서 말하는 정(正)은 올바른 뜻을 가리킨다. 하지만 동아제약은 사회 구성원과 함께 신용과 덕을 쌓아 가겠다는 신념으로, 솥을 상징하는 정(鼎)에 기업의 비전을 담았다.

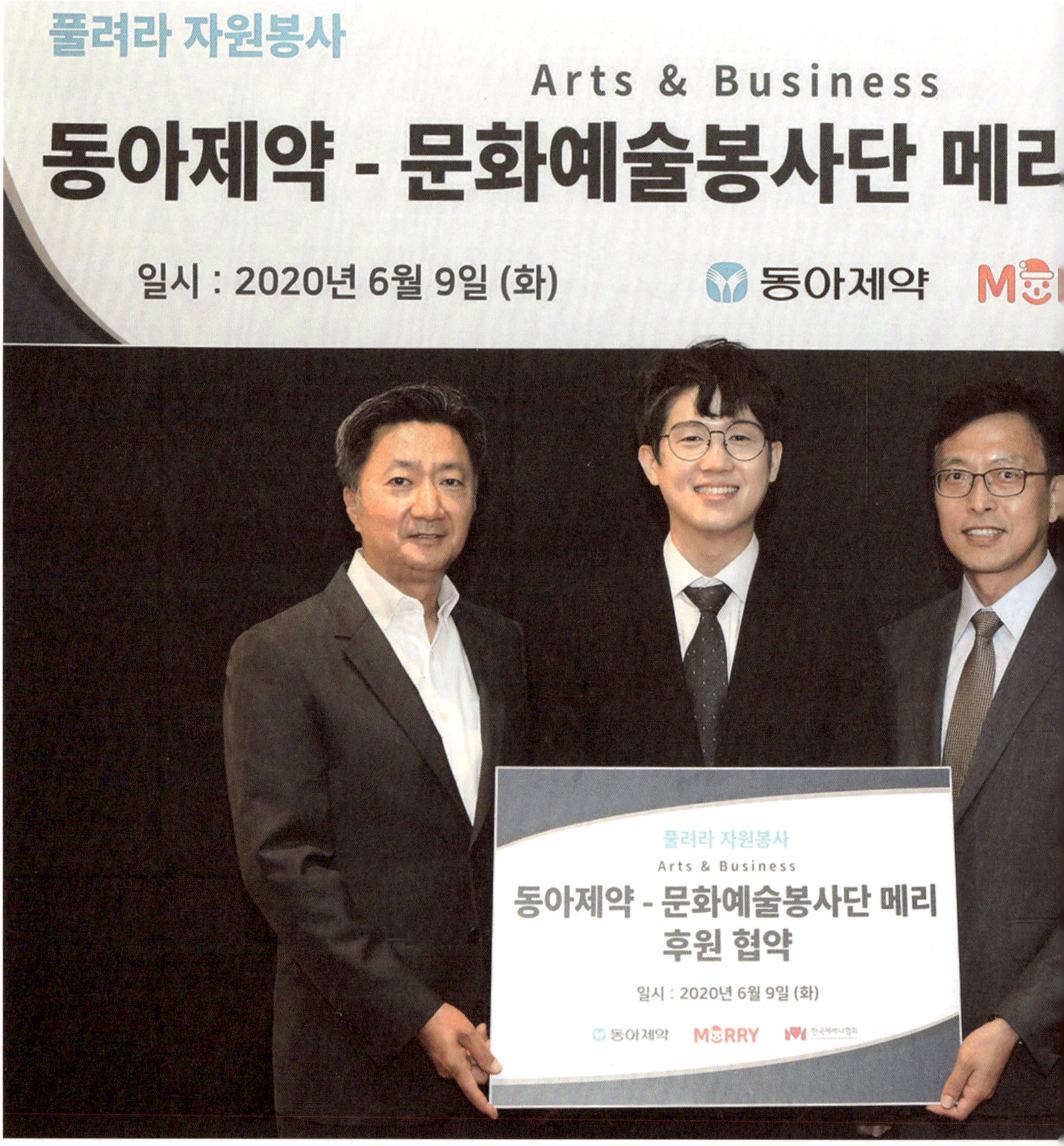
풀려라 자원봉사
Arts & Business
동아제약 - 문화예술봉사단 메리
일시 : 2020년 6월 9일 (화)
동아제약
풀려라 자원봉사
Arts & Business
동아제약 - 문화예술봉사단 메리
후원 협약
일시 : 2020년 6월 9일 (화)
동아제약
MERRY

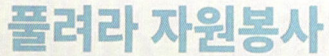

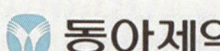

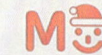

동아제약은 문화·예술 가치의 확산을 위해 문화예술법인 메리와 업무협약(MOU)을 맺고 이들을 6년째 후원 중이다. 2015년 설립된 메리는 참여형 문화·예술 콘텐트의 개발과 이에 따른 사회적 예술 활동을 고민하는 사단법인이다.

10대부터 70대 아마추어를 대상으로 메리오케스트라, 메리콰이어(합창단), 메리앙상블(합주단)을 운영하고 있으며, 누구든 생활 예술의 주체가 되는 문화·예술 플랫폼을 실현하고 있다. 세대 격차의 해소, 문화·예술 향유 격차의 해소다.

기업과 문화·예술 단체의 상호 상생을 도모하는 한국메세나협회 기업과예술의만남의 일환인 이 결연에 따라, 동아제약은 자문을 비롯해 메리에서 진행하는 공연 및 정기 연주회 운영 비용과 박카스 등의 자사 제품을 후원한다. 매년 2,000만원 규모의 지원이 이뤄지고 있다.

동아제약이 문화·예술 가치 확산을 위해 메리와 후원 협약을 체결했다. 협약에 따라 메리가 진행하는 문화 봉사 공연 및 자선 연주회의 운영 비용을 지원하고, 박카스와 가그린 등의 제품도 함께 공급 중이다.

동아제약과 메리는 (공)기관과의 협력을 통해 도심 공간을 문화·예술을 즐기는 공연장으로 탈바꿈시키고, 여러 규모의 정기 연주회도 꾸준히 진행하고 있다.

먼저 도심음악회는 일상 공간을 문화·예술의 무대로 바꾸고, 대중적 음악을 버스킹 형태로 선보이는 메리의 야외 공연 사업이다. 2024년 6월 기준, 창단 후 9년간 수도권과 강원, 충청 지역 주요 랜드마크에서 도심음악회를 60여 회 이상 열었다. 총 100인조에 달하는 인원이 공원을 찾은 시민에게 다양한 볼거리를 선사했다.

2022년 9월 롯데콘서트홀에서 제12회 정기 연주회인 '메리투게더, 영화음악에서 말러까지'를, 2023년 8월에는 제18회 정기 연주회 '메리투게더, 영화음악에서 베토벤 합창까지'를 성황리에 마쳤다.

2025년 1월에는 롯데콘서트홀에서 창단 10주년 기념 연주회 '말러 2번'을 열었다. 특히 이 공연은 2024년 마포아트센터 아트홀맥에서 구스타프 말러 교향곡 제5번 전 악장을 연주한 것에 이은 세 번째 마스터피스 시리즈였다.

박주영 지휘자는 "연주자와 관객 모두의 가슴에 명작으로 빛나는 공연이 되었길 바란다"며 "아마추어 오케스트라이기에 할 수 있는 도전을 멈추지 않을 것"이라고 포부를 밝혔다.

메리 창단 10주년 기념 연주회 '말러 2번'(2025) 포스터 / 사진=메리

2025년 4월, 서울 반포대교 남단 세빛섬에서 메리오케스트라와 메리콰이어, 메이지대학교향악단의 한강공원 음악회가 열렸다. 개방형 음악회인 만큼 일반 시민도 쉽게 즐길 수 있는 대중가요 및 영화 사운드트랙 등이 메들리로 연주됐다. / 사진=메리

43년 전통 마로니에 백일장

2025년 43회째를 맞은 마로니에여성백일장은 미등단 여성이 참가 가능한 국내 여성 백일장 중 가장 오래된 대회. 이름처럼 1983년 제1회 대회부터 대학로 마로니에공원에서 쭉 개최됐고, 시, 산문, 아동 문학 분야의 우수 작품을 선발하는 글짓기 대회다. 국내 문학 저변 확대 및 현재까지 1,000명 이상의 여성 문인을 발굴했다. 총상금은 4,000만원이다.

동아제약 관계자는 "입상작은 주로 한국문화예술위원회가 운영하는 문예지나 관련 매체에 게재된다. 신인 작가가 문단에 진출할 기회를 제공하고 있다"며 "계속 이 전통을 이어 갈 것이다. 더 많은 여성이 문학에 참여할 수 있게 여러 지원을 확대해 나갈 계획"이라고 전했다.

2017년 9월, 서울 종로구 마로니에공원에서 제35회 마로니에전국여성백일장이 개최됐다. 한 참가자가 벤치에 걸터앉아 글을 쓰고 있다.

2022년에는 백일장 40주년을 기념하기 위해 최근 5개년 수상작 모음집인 '마음 울적한 날엔 거리를 걸어보고'를 출간해 그 의미를 더했다. 2023년에는 제1회 마로니에초간단온라인백일장도 진행돼 171명의 참가자가 작품을 접수했다.

그간 백일장 시작부터 상금과 사업비 전액을 후원한 동아제약은 이같은 공적을 인정받아 2023년 3월, 2022 문화체육관광부 장관 표창을 받았다. 같은 해 11월에는 문화체육관광부가 주최하고 한국문화예술위원회가 주관하는 문화·예술 후원 우수 기관 인증 제도에서도 문화·예술 후원 매개 실적이 뛰어난 우수 기관으로 인증받았다.

제42회 마로니에여성백일장 수상자와 대회 관계자

제6회 박카스29초영화제 포스터   제11회 박카스29초영화제 포스터

29초에 담은 영화의 가능성

이밖에 동아제약은 자사 피로 회복제 박카스가 소재인 박카스29초영화제를 2024년까지 11회째 개최, 상업 영화 출신 감독뿐 아니라 콘텐트 제작을 꿈꾸는 일반 대중도 그 재능과 실력을 뽐내게 했다.

앞으로의 발전 가능성에 관해 사측은 박카스가 가진 글로벌 영향력을 바탕으로 본 영화제를 세계까지 아우르는 국제 영화제로 만들 계획이 있다고 귀띔했다. 최종 수상작은 사전 고지 없이 시상식 당일 발표되며, 추후 공식 채널을 통해 동아제약 홍보 콘텐트로 활용될 수 있다.

문화체육관광부 표창 전달식에서 백상환 동아제약 대표(왼쪽 네 번째)가 정병국 한국문화예술위원회 위원장(왼쪽 다섯 번째)과 기념 촬영을 하고 있다. 동아제약은 국내 문학 분야에의 유공을 인정받아 장관 표창을 받았다.

응원의 마음으로 그 이름 박카스

동아제약은 기업의 사회적 책임과 예술 후원의 선순환 구조를 확립하며, 지속 가능한 미래를 위한 발판을 마련하고 있다. 단순한 이행을 넘어 이를 더 굳건히 할 전망이다.

동아제약 관계자는 "자사 메세나는 현재 후원 중인 메리와 같이, 음악을 사랑하는 이라면 그 누구든 문화·예술의 일원이 될 수 있도록 경계를 허무는 활동"이라며 "그렇기에 예술을 애호하는 그 모두를 응원하는 마음으로 박카스를 대표 물품으로 후원하고 있다. 지역 사회를 위해 봉사하는 모든 연주자와 그들의 아름다운 음악이 문화·예술의 피로 회복제가 되기를 간절히 희망한다"고 밝혔다.

이름보다 작품을
명성보다 가능성을

코오롱그룹

코오롱그룹은 2020년 9월 서울 마곡지구 한다리문화공원에 문화·예술 나눔 공간인 스페이스K 서울을 개관하며 문화 인프라가 부족한 당 지역에 새로운 전시 명소를 제공 중이다.

2018년 마곡산업단지에 원앤온리타워를 건설한 데 따라 공공 기여 형식으로 지어진 서남부 첫 공공 미술관이다. 약 105억원을 투입해 건립된 이 미술관은 시에 기부 채납된 뒤 향후 20년간 코오롱그룹이 운영을 맡고 있다.

민관이 지역 예술 인프라에 후원한 남다른 사례다.

마곡을 걷다
예술을 만나다

헤르난 바스 '모험, 나의 선택'전(2021) 포스터 / 사진=스페이스K 서울

스페이스K 서울은 면적 2,044m²(약 600평) 규모에 지하 1층, 지상 2층으로 이뤄져 있으며, 건물의 곡선과 격자형 신도시가 어우러진 기하학적 건축물로 설계됐다. 무엇보다 공원과 미술관 출입구가 서로 매끈하게 연결돼 지역 주민과 인근 직장인의 자연스러운 관심을 끌어낸다.

천장 최고 높이는 9.2m. 주위에 대형 전시장이 드문 만큼 다른 갤러리와 비교해 전시품 수급도 용이하다. 2014년 제14회 베니스비엔날레 국제건축전에서 황금사자상을 수상한 조민석 건축가가 설계를 맡아 문화를 매개로 한 새로운 미술관을 창조했다는 평이다.

또한 LG아트센터 서울과 서울식물원이 걸어서 15분, 20분 거리에 위치한다. 전시뿐 아닌, 공연과 산책 등 문화 벨트가 형성됐다고 해도 과언이 아니다. 실제로 LG아트센터 서울과는 상호 투어도 열었다. 당 삼각지 내에 발산역과 마곡역, 마곡나루역이 있어 접근성도 좋다.

스페이스K 서울이 위치한 한다리문화공원은 마곡지구의 두 축, 즉 서울식물원과 이어지는 남북 방향 그리고 지하철 5호선을 따라 형성된 동서 방향이 교차하는 중요한 도시 매듭이다. 이는 스페이스K 서울이 녹지 공간뿐 아니라 생신한 공공장소로 기여할 특별한 조건이 된다. 내부 현대 미술 전시실은 다양한 변화가 가능한 하나의 무주 공간이다. 큰 가변성이 있는 이 공간에는 3개의 천창에서 간접 자연광이 자연스레 유입된다. 천장고는 3.3m에서 점진적으로 높아져 최대 9.2m까지 올라감으로써 단일 공간이지만 되려 다채로운 연출이 가능하다. / 사진=스페이스K 서울 개관전으로 '일그러진 초상'(2020)을 열어 인간 형상을 탐구하는 현대 미술을 선보였다.

이후로도 헤르난 바스('모험, 나의 선택'전, 2021)·라이언 갠더('변화율'전, 2021)·네오 라우흐–로사 로이('경계에 핀 꽃'전, 2021)·이근민('그리고 아무도 아프지 않았다'전, 2022)·다니엘 리히터('나의 미치광이 웃'전, 2022)·제여란('로드 투 퍼플'전, 2022)·도나 후앙카('블리스 풀'전, 2023)·제이디 차('구미호 혹은 우리를 호리는 것들 이야기'전, 2023)·유이치 히라코('여행'전, 2023)·에디 마티네즈('투 비 컨티뉴드'전, 2024)·카일리 매닝('황해'전, 2024)·최민영('꿈을 빌려드립니다'전, 2024)·소피 폰 헬러만('축제'전, 2025)의 개인전을 통해 수준 높고 산뜻한 국내외 예술 작품을 소개하고 있다. 그룹 BTS 멤버 RM이 헤르난 바스전을 보러 오면서 소위 '인스타 성지'로 떠오르기도 했다.

코오롱인더스트리가 발간한 2024 지속가능경영보고서에 따르면 2024년까지 누적 관람객수는 9만 9,068명이다. 2021년 4만 746명, 2022년 2만 1,377명, 2023년 1만 6,404명, 2024년 1만 6,832명이 스페이스K 서울을 찾았다. 이 중 가장 인기가 좋았던 전시는 2만 6,729명이 관람한 헤르난 바스전이었다. 관계자는 "관람객수보다는 해당 작가의 작품 세계를 효과적으로 선보이는 부분에 더 초점을 맞추고 있다. 최다 누적을 기록한 헤르난 바스 개인전도 이와 같은 방향성에서 열린 전시고, 이 기조는 지금도 계속 유지 중"이라고 밝혔다.

에디 마티네즈 '투 비 컨티뉴드'전(2024) 포스터 / 사진=스페이스K 서울

최민영 '꿈을 빌려드립니다'전(2024) 포스터 / 사진=스페이스K 서울

시작은 과천, 도시를 물들이다

1998년부터 코오롱그룹은 다양한 메세나로 문화와 예술을 지원해 왔다. 특히 스페이스K 서울 이전부터 스페이스K는 연간 2만명의 관람객이 다녀갈 정도로 차별화된 메세나로 명성이 높았다.

2011년 경기도 과천 본사에서 시작해 광주, 대구, 대전 등에서 무료 운영됐고, 스페이스K 서울 개관전까지 152회 전시, 437명 작가를 개최 및 지원했다.

이런 공로를 인정받아 이웅열 코오롱그룹 명예회장은 제18회 메세나대상에서 메세나인상을 받은 적 있다. 연말에는 '채리티 바자'전을 열고 수익금 전액을 기부, 2014년부터 6년간 누적 기금이 약 6,800만원에 달했다.

소피 폰 헬러만 국내 첫 개인전 '축제'(2025) 포스터. 작가는 한국의 명절 단오(端午)를 비롯, 축제에서 영감받은 신작 회화 20여 점과 대형 벽화 작업을 선보였다. / 사진=스페이스K 서울

스페이스K 서울은 전시 기간 중 4회씩 요가 클래스를 진행한다. 제이디 차 '구미호 혹은 우리를 호리는 것들 이야기'전(2023)에서도 수업이 진행됐다. / 사진=스페이스K 서울

카일리 매닝 '황해'전(2024)과 연계해 체험형 프로그램 '바다의 기억: 황해에서'가 진행됐다. / 사진=스페이스K 서울

2024년 9월, 이장욱 수석큐레이터가 '작가와의 대화'를 갖고 카일리 매닝의 미술 세계를 탐구했다. / 사진=스페이스K 서울

이름보다
작품을
명성보다
가능성을

코오롱그룹의 최종 목표는 현대 미술 저변을 확대하는 것이다. 예술의 흐름으로 사회 문화적 현상을 탐색하는 기획전도 고려 중이다.

정식 명칭이 '코오롱 스페이스K 서울'이 아닌 것도 눈여길 점. 이를 두고 사측은 기업을 전면에 내세우기보다 반대로 사회가 필요로 하는 부분을 돕는 것이 스페이스K의 설립 취지라고 이유를 설명했다. 관람객의 문화 향유와 창의력 증진만으로 이미 소기의 목적은 달성했다는 소리다.

2011년부터 미술관 사업을 운영 중인 이장욱 수석큐레이터는 "초기부터 지금까지 스페이스K의 원칙은 늘 간단했다. 대가보다는 신진 작가 혹은 재평가받아 마땅한 중견 작가를 중심으로 전시를 꾸린다는 것"이라며 "해외 작가 역시 대중적 인기보다는 동시대 신진 작가나 한국에 소개된 적 없는 역량 있는 작가의 전시를 유치하려 했다. 그것이 국내에 작가 및 작가 지망생에게 도움이 될 것으로 생각했다"고 전했다. 작가가 본인의 어제와 오늘이 응축된 미공개 작품을 내놓는 것만큼 기쁜 일은 또 없다고도 강조했다.

이장욱 수석큐레이터는 "전시 작가에게 꾸준한 관심을 두고 이들을 타 전시나 프로젝트와 연결되도록 돕고 있다. 이것이 미술관의 지속적 성장에 보탬이 될 것이라고 믿는다"며 "반대로 스페이스K가 그들의 지원을 받을 때도 있다. 이들과 함께 성장할 앞날이 기대된다"고 했다.

애초 스페이스K는 전시 외에도 공연과 강연, 이벤트, 체험 학습 등 시민과 임직원을 위한 상설 문화·예술 공간으로 운영됐다. 개관전 제목은 '바람바람바람'(2011). 작가들은 바람을 자신만의 언어로 시각화한 작품을 대거 선보였다 사측은 전시명에 관해 "바람(Wind)을 소재로 한 작품을 통해 지역 사회에 문화 바람(Boom)을 일으킨다는 코오롱의 바람(Wish)을 담아 기획됐다"는 기막힌 설명을 당시 곁들였다. 사진은 2011년 8월, 경기도 과천 코오롱그룹 본사에서 열린 스페이스K 개관전 '바람바람바람'을 찾은 지역 시민들이 전시품을 관람하고 있는 모습. / 사진=스페이스K 서울

함께 멀리
상생과 공존의 철학

한화생명

1946년 설립된 대한민국 최초의 생명 보험사인 한화생명은 한화그룹의 사회 공헌 이념인 '함께 멀리'를 바탕으로 고객과의 동반 성장을 추구하고 있다.

'함께 멀리'는 김승연 한화그룹 회장이 줄곧 강조해 온 상생과 공존의 철학. 즉 국민에게 신뢰받고 미래 세대 풍요로운 삶에 기여하는 기업만이 100년을 넘어, 그 이상의 지속 가능성을 확보할 수 있다는 확고한 믿음을 담고 있다.

이에 한화생명은 지역 사회와의 소통을 넓히고, 전에 없던 문화·예술의 장을 마련하는 등 고객의 문화적 소양과 삶의 질을 높이기 위한 차별화된 메세나를 꾸준히 펼치고 있다.

광주서 빛난
100회의 감동

2024 한화생명콘서트 포스터

한화생명콘서트는 문화적 혜택이 부족한 지역에도 공연 기회를 제공하기 위해 전국 주요 도시를 순회하는 대표적 음악 행사다. 2004년 한화와함께하는찾아가는음악회로 시작된 이 공연은 2012년 한화팝&클래식여행을 거쳐, 2021년 한화생명콘서트로 새롭게 탄생하며 2024년까지 21년째 역사가 이어졌다. 예술성과 대중성을 겸비한 품격 있는 공연을 통해 관객에게 특별한 경험을 제공하고, 이로써 문화·예술의 저변을 확대하고자 기획된 공연 프로그램이다.

음악은 세대와 성별을 초월해 모두가 공감할 수 있는 언어인 만큼 많은 이들이 음악으로 따뜻한 에너지를 얻기를 바란다는 것이 사측의 설명이다. 그동안 밴드 이날치(2021), 가수 인순이(2022)·양희은(2023) 등이 무대에 올라 뜨거운 호응을 받은 바 있다.

2024년 열린 한화생명콘서트에서는 '발라드 황제'로 불리는 변진섭이 무대를 빛냈다. 변진섭은 국내외 클래식 전문 연주자로 구성된 바싸르현악앙상블과 협연하며 '너에게로 또다시' '숙녀에게' '로라' '희망사항' 등 대표 히트곡을 선사했다. 해당 공연은 서울을 시작으로 부산, 광주, 안양에서 열렸으며, 그중 광주 공연에서는 100회째를 맞아 더 뜻깊은 순간을 기록했다. 이때까지 한화생명콘서트를 관람한 누적 관객수는 약 15만 명에 이른다.

가수 변진섭이 2024 한화생명콘서트에서 곡을 열창하고 있다. / 사진=J엔터테인먼트

국내 마티네 공연의 원조

한화생명과함께하는예술의전당11시콘서트는 매월 둘째 주 목요일 오전 11시에 열리는 클래식 공연이다. 음악과 재치 있는 해설이 어우러진 특별한 무대를 관객에게 선보이고 있다. 클래식만의 매력을 쉽고 재미있게 전달하겠다는 취지로 시작, 지난 20여 년간 약 40만명 이상이 이를 즐겼다. 낮 공연을 의미하는 '마티네' 형식을 도입한 본 공연은 클래식은 저녁에만 열린다는 고정 관념을 깨고 오전 편성된 것이 특징이다.

국내 최정상급 오케스트라와 지휘자, 세계적으로 활약하는 솔리스트가 참여해 수준 높은 무대를 선보인다. 협주곡 일부 악장을 발췌하거나 특별히 엄선된 소품을 통해 한 공연 안에서 다양한 레퍼토리를 감상할 수 있도록 구성한 점도 눈에 띈다. 2023년부터는 배우 강석우가 특유의 부드러운 음색과 안정적인 진행으로 클래식 음악을 한층 더 친근하게 전하고 있다.

신인 등용문의 역할도 해 온 11시콘서트. 2025년 7월에도 주목할 만한 젊은 예술가를 소개했다. 덴마크왕립극장, 도이체오퍼암라인 등에서 실력을 다져 온 지휘자 정찬민이 예술의전당 콘서트홀에 처음 섰다. 또 2024 프레미오하엔국제피아노콩쿠르 우승자 피아니스트 가주연과 2021 윤이상국제음악콩쿠르 특별상 수상자이자 지휘자 정명훈과의 협연으로 주목받은 바이올리니스트 임동민이 처음으로 콘서트홀에서 오케스트라와의 협연 무대를 가졌다.

11시콘서트가 열리는 예술의전당 콘서트홀 로비 / 사진=예술의전당

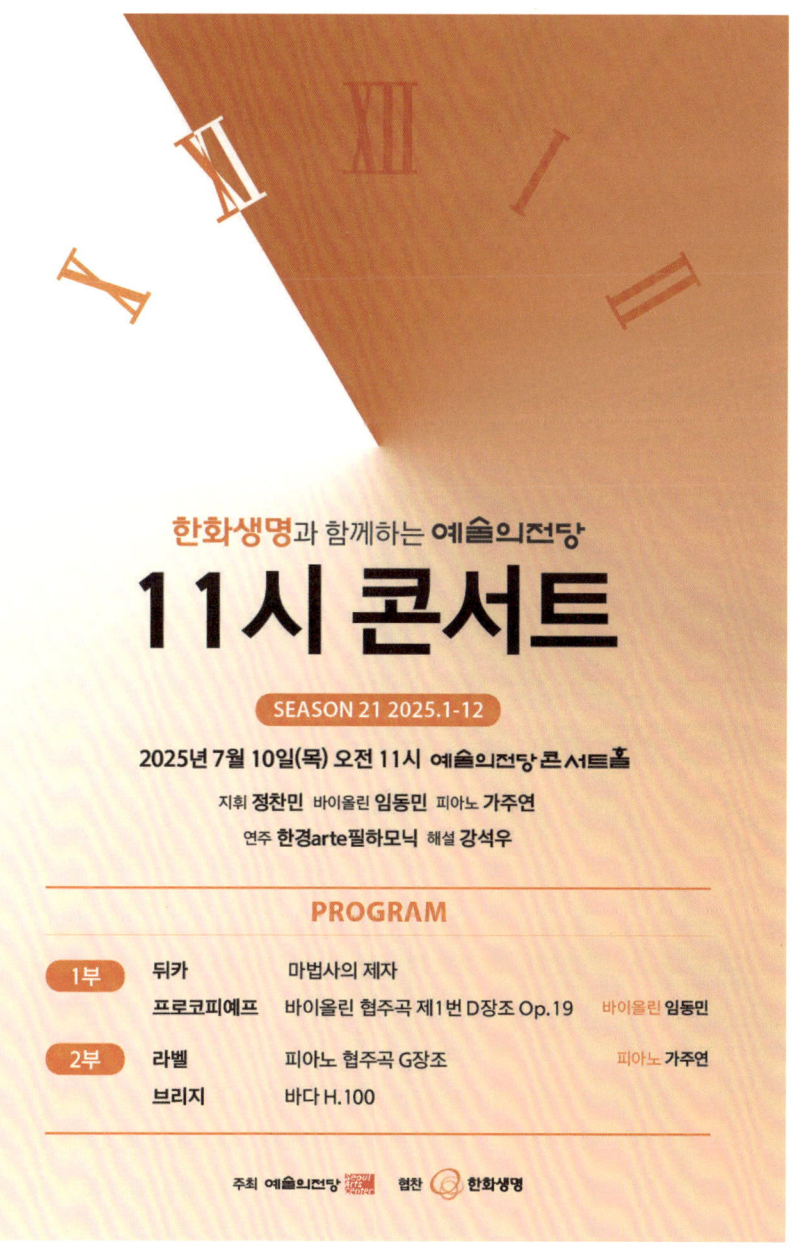

11시콘서트 2025년 7월 공연 포스터 / 사진=예술의전당

연속 입증된 문화 리더십

한화생명은 문화·예술 후원 공로를 인정받아 메세나대상 시상식에서 각각 창의상(2007), 대상(2011·대통령 표창), 문화공헌상(2019·장관 표창)을 수상하며 그때까지의 탁월한 성과를 입증했다.

2017년에는 문화체육관광부로부터 문화·예술 후원 우수 기관으로 인증받기도 했다. 2020년 첫 재인증에 이어, 2023년 두 번째 재인증 심사를 통과하며 3회 연속 인증을 획득하는 쾌거도 이뤘다. 한화생명은 앞으로도 문화를 통해 사회에 기여하는 메세나의 본질을 실천하며 이 또한 지속 가능성을 확보할 계획이다.

김상일 한화생명 CSR(기업사회책임) 전략팀장은 "한화생명은 국내 클래식 음악의 대중화에 기여하며 다각적으로 노력해 왔다. 지역민에게 음악회 관람 기회를 꾸준히 제공한 결과, 2024년 한화생명콘서트가 100회째 공연을 맞는 성과도 거뒀다"고 말했다.

아울러 "그간의 활동을 기반으로 다양한 경험을 제공하며 지역과 계속적으로 소통할 수 있도록 노력을 이어 가겠다"고 덧붙였다.

2023년 11월, 홍정표 한화생명 커뮤니케이션실 부사장(오른쪽)이 서울 송파구 롯데월드타워 스카이31컨벤션에서 열린 문화·예술 후원 우수 기관 인증 수여식에서 인증패를 수여받았다. 정병국 한국문화예술위원장과 기념 촬영을 하고 있는 모습.

하나은행

마음과 마음
이어 주는 공간

하나은행

때 이른 더위가 기승을 부린다. 초여름 같은 날씨 속에 서울 중구 을지로가 반소매 차림의 시민들로 활기를 띤다.

2025년 5월, 서울 중구 을지로4가 39-1 하트원(H.art1)에서는 제4회 하나아트버스 특별 전시회가 열려 눈길을 끌었다.

발달 장애 예술인에게 작품 창작 기회를 제공하고, 동시에 사회 인식 변화 모색을 취지로 마련된 자리다.

경계 지우고
색 더하다

하트원 외관

해당 공모전은 2024년 12월부터 약 2개월간 진행됐으며, 전회 대비 1.5배 증가한 877명이 참여해 높은 경쟁률을 기록했다.

　시상식에 참여한 함영주 하나금융그룹 회장은 "발달 장애 예술가에게 그림이란, 행복한 일상을 캔버스에 담아 희망을 전하는 소중한 과정이라고 생각한다"며 "이들이 편견 없는 세상에서 꿈을 키워 나갈 수 있도록 하나금융그룹 모든 구성원이 함께할 것"이라고 밝혔다. 하트원에서는 수상작뿐 아니고 하나금융그룹 소속 장애인 예술팀 하나아트크루의 작품도 함께 공개됐다.

하나은행은 2022년 11월 금융권 최초로 개방형 수장고 하트원을 개관, 예술과 금융의 경계를 허물고 있다. 본래 을지로기업센터 지점이었던 건물이 리모델링을 거쳐 복합 문화 공간으로 재탄생했다. 이로써 젊은 층이 자주 찾는 무료 전시관으로 자리 잡았다.

하트원이라는 '직관적' 이름은 회사 공모를 통해 정해졌다. 하나은행이라서 H, 미술품이라서 art, 은행권 최초의 개방형 수장고라서 1이란다. 하나은행 관계자는 "마음과 마음을 이어 주는 공간이라는 의미로 하트(Heart)와 같은 발음을 사용했다"고 설명했다. 새로운 문화 경험을 선사하는 것 역시 회사가 기대하는 바다. "'힙지로'라는 별칭이 붙을 만큼 최근 MZ세대에게 을지로는 '힙'한 장소고, 문화적 허브죠. 하트원이 그들에게 신선하고 색다른 느낌을 제공할 것으로 기대됩니다."

2층 전시실에는 총 3,000여 점의 하나은행 소장품 중 약 110점을 엄선했다. 동양화와 서양화, 사진, 조각 등 여러 작품이 주기적으로 교체되고, 늘 신선한 예술적 체험을 제공한다.

함영주 하나금융그룹 회장(오른쪽에서 두 번째)이 제4회 하나아트버스 시상식에서 성인 부문 대상작인 조태성 작가의 '주'에 관해 설명을 듣고 있다. 고유한 패턴과 색채를 가진 동물을 'ZOO'라는 문자로 형상화한 예술적 시도가 돋보이는 작품이다.

꼬마
작가들
지구를
물들이다

이 외에도 매년 유치원생과 초등학생을 대상으로 자연사랑어린이미술대회를 열어 자연 보호의 중요성을 알리고 있다. 국내 최고 권위의 전국 규모 어린이 미술 대회로 자리매김했다. 2024년 열린 제32회 대회에서는 1만 3,300여 점의 작품이 출품됐다. 어린이 200명이 최종 본선에 올라 그중 2점이 대상인 환경부장관상과 문화체육관광부장관상에 선정됐다.

김한욱 하나은행 HR지원그룹 부행장은 "이번 미술 대회를 통해 미래의 주인공인 어린이 친구들의 초록별 지구를 사랑하는 마음이 더욱 커졌으면 좋겠다"며 "오늘의 경험이 서로의 꿈과 재능을 나누는 소중한 기쁨으로 기억되기를 바란다"고 말했다.

김한욱 하나은행 HR지원그룹 부행장(왼쪽부터)이 제32회 자연사랑어린이미술대회 시상식에서 문화체육부장관상을 수상한 박연서 노변초등학교 6학년 어린이, 환경부장관상을 수상한 김서현 미송초등학교 3학년 어린이, 서승원 심사 위원장과 함께 기념 촬영을 하고 있다.

2024년 10월, 하나은행이 인천 청라에 위치한 하나글로벌캠퍼스에서 제32회 자연사랑어린이미술대회 본선 및 시상식을 개최했다.

웃고
배우고
자라다

에바다학교 청각 및 언어 장애 아동들이 수어 해설 등을 통해 뮤지컬 '재크와 요술지갑'을 관람했다.

2007년부터 18년째 이어 온 '재크의 요술지갑'은 '재크와 콩나무'를 소재로 어린이에게 저축과 소비, 나눔의 개념을 쉽고 재미있게 설명하는 금융 교육 뮤지컬이다. '배리어 프리' 버전이 신규 제작돼 수어, 자막 및 음성 해설 등을 제공하며, 장애를 넘어 모두가 즐길 수 있는 장벽 없는 문화·예술을 표방하고 있다.

에바다학교 한 선생님은 "청각 장애를 가진 학생들도 전문 수어 통역팀 덕분에 편하게 공연을 즐길 수 있었다"며 "잊을 수 없는 추억을 선사해 준 하나은행에 감사드린다"고 말했다.

특히 2025년도 공연은 다문화 가정의 아이들까지 대상을 확대했다. 지역적 제약 및 배경에 구애받지 않고 문화 공연을 즐길 수 있도록 지원할 예정이다. 하나은행 관계자는 "문화·예술에 대한 사회 관심을 높이고, 예술계 균형 있는 발전에 기여하는 것이 우리의 목표"라고 밝혔다.

BNK 부산은행

향토 기업의 힘
메세나대상 대상

BNK부산은행

BNK부산은행은 2003년 금융권 최초로 지역 사회 공헌반을 설립, 문화·예술 발전을 위한 제(諸) 메세나를 추진해 왔다. 이로써 지역민이 문화·예술을 보다 쉽게 접하도록 다양한 기회를 공급하고 있다.

최근에는 그룹 미션을 '금융을 편리하게, 미래를 풍요롭게'로 새로 설정하고, 이를 구체화한 비전인 '세상을 가슴 뛰게 하는 금융'을 선포해 이러한 활동을 더더욱 강화 중이다.

스크린 향한
지속적 약속

BNK부산은행은 부산국제영화제를 태동 첫해인 1996년부터 후원하고 있다. 아직 인프라가 부족한 행사 초기에는 실시간 입장권 예매 전산 시스템을 개발 및 제공하기도 했다. 제29회 영화제 후원 약정식에서 방성빈 BNK부산은행장(오른쪽)은 "앞으로도 꾸준한 관심과 지원으로 부산국제영화제가 최고의 영화제가 되도록 응원하겠다"고 전했다.

지역 최대 연례행사인 부산국제영화제를 최초 기획 단계부터 2024년까지 29년째 후원 중이며, 후원사 중 오직 BNK부산은행만이 기록한 유일무이 성과다. 매년 영화제 발전을 위해 발전 기금 및 전사 기기를 지원하고 있고, 2024년에는 5억원이 현금 및 4어 3,000만원 상당의 현물 등 9억 3,000만원을 지원했다.

이처럼 BNK부산은행은 부산국제영화제가 세계적 영화제로 자리매김하는 데 중요한 역할을 수행했다고 평가받고 있다. 방성빈 BNK부산은행 은행장은 "영화제 성장 과정에 부산은행이 함께할 수 있어 매우 뜻깊게 생각한다"며 "지역 문화 발전을 선도하고 있는 부산국제영화제를 변함없는 파트너로서 언제나 응원하겠다"고 전했다. 그간 부산국제영화제에 BNK부산은행이 지원한 후원금은 130억여 원에 달한다.

2020년 1월에는 부산국제영화제, 부산 중구청과 협력해 자사 최초 본점인 신창동 지점 내·외부를 리모델링, 부산 중구 신창동에 아트시네마를 개관했다. 갤러리와 소규모 극장(72석) 등 여러 문화·예술 활동이 이루어지는 공간으로, 이를 통해 BNK부산은행은 지역민과의 소통을 보강하고, 나아가 부산의 문화적 가치를 발전시키기 위한 노력을 기울이고 있다.

2024년 5월부터는 3층 모퉁이극장에서 부산일보와 협력해 'BNK부산은행과 함께하는 부일시네마'라는 상영회도 후원한다. 이 상영회는 매달 전문가 엄선 명작을 관람하고, 그 직후 감상을 공유하는 행사다.

시즌 1은 셀린 송 감독의 데뷔작 '패스트 라이브즈'(2023)를 시작으로 '로봇드림'(2023), '리빙: 어떤 인생'(2022), '바튼 아카데미'(2023), '막걸리가 알려줄거야'(2024), '그린 나이트'(2021) 등 12편을 상영했다. 2025년 5월부터는 시즌 2가 시작돼 '엔니오: 더 마에스트로'(2021), '퍼펙트 데이즈'(2023) 등 자극적이고 선정적이지 않으면서 작품성도 있는 라인업을 선보였다.

BNK부산은행은 같은 곳 2층 BNK부산은행갤러리를 운영하며 수도권과의 문화 격차를 줄이는 데도 정성을 다하고 있다. 지역 시민으로 하여금 이들이 예술적 감성을 함양하는 것에 목적이 있고, 지역 전업 예술인의 전시 기회를 확대해 그 창작 의지를 높이는 바도 포함된다.

2011년부터 지금까지 340여 회에 걸쳐 무료 대관을 지원했다. 갤러리 측은 "수도권 중심인 현 국내 문화·예술 흐름에 동남 경제권이 그와 어깨를 나란히 하는 시금석이 되기를 희망한다"며 "부산이 문화의 향기가 가득한 도시로 거듭나는 데 최선을 다하겠다"는 포부를 밝혔다.

BNK부산은행 아트시네마 외관

백현주 루체테음악극연구소 대표가 'BNK부산은행과 함께하는 부일시네마'에서 모더레이터로 관객과 대화하고 있는 모습 / 사진=모퉁이극장

장건율 작가가 제7회 BNK청년작가미술대전 시상식에서 대상의 영예를 안았다. 최우수상에 강이경 작가, 우수상에 권구운 작가 및 황보현 작가가 선정됐다.

청년 작가 및 청소년 예술 지원에도 오래 기여했다. 먼저 2013년부터 2024년 7회째를 맞은 BNK청년작가미술대전이다. '부울경' 차세대 작가의 예술 열기를 고취하기 위한 행사로, 공예, 조각, 회화 등 시각 예술 분야 중 만 20세 이상 39세 이하 미술 전공자를 대상으로 한다. 총시상금은 3,000만원. 대상 수상자에게는 시상금 2,000만원과 함께 3개월간 해외에 거주하며 전시 활동을 펼칠 수 있도록 레지던시 프로그램을 제공한다.

강종훈 BNK금융지주 그룹경영전략부문장은 "본 대회에 참가하는 청년 작가의 수와 작품의 수준이 회를 거듭할수록 높아지고 있다"며 "앞으로도 청년 예술가들이 꿈과 희망을 펼칠 수 있는 무대 조성을 위해 함께 노력하겠다"고 말했다.

어린이 미술 대회도 꾸준히 이어졌다. 2019년 '걷는 즐거움, 행복한 걷기', 2021년 '녹색 도시 부산 가꾸기'에 이어, 2023년 제3회 BNK부산은행동백어린이미술대회는 '2030 부산세계박람회 유치 기원'을 주제로 행사가 개최됐다. 2024년 열린 제4회 대회는 어린이미술대회로 이름을 간소화하고, 시대적 관심사인 인공지능(AI)·환경·가덕도신공항을 주제로 내걸었다. 저학년 부문에 장안초등학교 3학년 진하영, 고학년 부문에 초읍초등학교 6학년 이지우 학생이 부산광역시장상인 동백미술상을 수상했다.

2023년 4월, 제3회 BNK부산은행동백어린이미술대회가 부산시민공원에서 열렸다.

2019년 11월, BNK부산은행이 서울 웨스틴조선 서울에서 열린 제20회 메세나대상 시상식에서 대상을 수상했다.

향토 기업의 힘 메세나대상 대상

이런 문화·예술 발전 공헌을 평가받아 BNK부산은행은 2019년 제20회 메세나대상 대상·한국문화예술위원회 예술후원인대상 대기업/은행 부문 대상, 2022년 예술나무후원인상 대상을 수상했다. 이 중 지역 향토 기업이 메세나대상 대상을 수상한 경우는 BNK부산은행이 시상식 역대 최초다.

2020년, 2023년에는 문화체육관광부로부터 문화·예술 후원 우수 기관으로 반복 인증받았다. BNK부산은행은 지역 사회와 협력을 강화하며, 지역민의 든든한 동반자로서 부산을 아시아 최고 문화 도시로 발전시키는 데 기여 중이다. 방성빈 은행장은 "앞으로도 시민분들께서 풍부하고 다양한 문화·예술을 누릴 수 있도록 그 기회를 만드는 일에 힘쓰겠다"고 말했다.

BNK부산은행 본점 외관

한진그룹

중구 문화 명소
일우스페이스

한진그룹은 하늘을 나는 기업이다. 그러나 그 비행은 항로만을 남기지 않았다. 예술의 영역에도 경계를 허물며, 새로운 만남의 공기를 일으켰다.

대한항공은 국경을 잇는 항공사로서, 세계 유수 미술관에 한국어 안내 서비스를 마련하며 한국인이 예술을 자국어로 향유할 수 있는 길을 열었다.

루브르박물관, 에르미타주박물관, 대영박물관 그리고 오르세미술관까지. 그 위대한 미술관의 안내 기기 속에 한국어를 새기며, 한진그룹은 문명의 무대에서 한국인의 존재감을 조용히 드러냈다.

중구 서소문에 자리한 전시 공간 일우스페이스에서는 젊은 작가들이 비행 전 숨을 고른다. 이곳은 일우사진상에서 출발해, 일우미술상이라는 새로운 이름으로 예술의 폭을 넓히고 있다. 항공권과 제작비가 후원되는 이 상은 단순한 수상 이상의 의미를 지닌다. 예술가에게는 이륙을 위한 활주로로, 대중에게는 동시대의 감각을 공유하는 플랫폼이다.

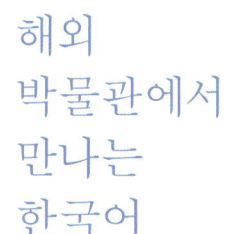

해외 박물관에서 만나는 한국어

대한항공은 글로벌 네트워크를 토대로 한국을 전 세계에 알리고 있다. 대표적으로 박물관 한국어 안내 서비스가 있다. 대한항공은 2008년 2월 프랑스 루브르박물관을 시작으로 2009년 6월 러시아 에르미타주박물관, 같은 해 12월 영국 대영박물관에 한국어 안내 서비스를 시작했다. 이를 통해 한국은 아시아 최초로 세계 3대 박물관에서 모두 자국어 서비스를 받는 국가가 됐다.

나아가 '인상주의 미술관'으로 불리는 프랑스 오르세미술관에도 2015년부터 한국어 안내 서비스를 선보였다. 이 당시 오르세미술관은 오디오 가이드 기기를 통해 영어·프랑스어·독일어·중국어·일본어 등 9개 언어로만 작품 안내 서비스를 제공해 왔다.

대한항공 관계자는 "우리말의 국제적인 위상과 국민적 자긍심을 크게 높이는 계기가 됐다"고 자평했다. 오르세박물관은 프랑스 파리의 오르세역(驛)을 개축해 1986년 12월 개관한 곳이다. 밀레의 '이삭 줍는 여인들'(1857), '만종'(1857-1859), 고흐의 '아를의 방'(1889) 등이 전시된 세계적인 명소다.

2008년, 조양호(오른쪽) 한진그룹 회장이 루브르박물관에 한국어 안내 서비스를 도입한 것을 기념해 현장에서 관계자와 악수를 나누는 모습

국민에게는 자긍심을 대한항공은 항공권을

대한항공은 2006년부터 엑설런스프로그램을 통해 스포츠, 문화·예술 등의 분야에서 국민에게 자긍심을 심어 주는 인사를 선정, 항공권을 무상으로 지원하고 있다. 2025년 1월 기준 피아니스트 임윤찬이 이 프로그램의 후원을 받고 있다. 1년 동안 횟수나 운항 노선에 상관없이 프레스티지 항공권을 무상 지원하며, 별도 심사를 통해 후원 연장 여부가 결정된다.

"루브르박물관 한국어 서비스는 돈보다, 대한민국의 자존심을 지킨다는 측면과 고객에 대한 감사의 뜻에서 접근한 사업입니다."

_조양호 한진그룹 선대회장

중구 문화 명소
일우스페이스

한진그룹 산하 일우재단은 대한항공 서소문빌딩 로비에 위치한 전시 공간인 일우스페이스를 운영 중이다. 2010년 4월 8일 개관한 사진 및 미술 전시 공간으로, 기존의 대한항공 중앙 매표소를 이전하고 그 자리에 547.2㎡(약 165평) 규모로 마련됐다. 특히 인근의 국립현대미술관 덕수궁과 서울시립미술관, 국립정동극장 등과 함께 문화 벨트를 이뤄 서울 중구의 문화 명소로 자리매김하고 있다.

전시장 외부에 가로 10m, 높이 3.7m의 초대형 윈도 갤러리를 설치해 도심을 오가는 시민도 문화·예술을 쉽게 접할 수 있게 했다. 일우재단 측은 "일우스페이스는 한국 미술계를 대표하는 기성 작가뿐만 아니라 참신한 작품을 선보이는 촉망받는 신진 작가의 작품까지 다양하게 전시함으로써 여러 세대가 함께 어우러지는 소통의 공간이 되고자 한다"며 "이는 기존의 대한항공 빌딩을 리노베이션해 만들어진 일우스페이스가 '올드'와 '뉴'의 조합이자 옛것과 새것의 만남을 의도한 것과 일맥상통한다"고 전했다.

2015년 9월, 오르세미술관에서 열린 한국어 안내 서비스 후원 행사에서 조양호(오른쪽) 한진그룹 회장이 기 코즈발 오르세미술관장과 함께 밀레의 '이삭 줍는 여인들'(1857)을 감상하고 있다.

일우 사진상에서 일우 미술상으로

일우미술상 최종 수상자는 바로 이 공간에서 개인전을 갖게 된다. 한진그룹은 2009년 일우사진상을 제정, 2022년 제13회 공모전까지 사진작가 36명을 지원해 왔다. 이 상의 명칭은 조양호 한진그룹 선대회장의 호를 따른 것이다.

2024년부터는 일우미술상으로 명칭을 개편해 새롭게 공모를 진행했다. 회화, 조각, 설치, 사진, 비디오 등 다양한 예술 분야에서 활동하되, 그중 사진을 창작 도구로 활용하는 작가가 대상이다. 한진그룹 관계자는 "사진을 넘어 예술의 무한한 가능성을 펼치고 싶은 작가에게 이번 공모전은 새로운 도약의 기회가 될 것"이라며 "일우미술상이 창작의 지평을 넓히는 장이 되길 바란다"고 전했다.

2025 일우미술상 수상자인 안정주는 일상에서 추출한 사운드와 이미지를 재구성, 다층적 감각의 영상 작업을 선보이는 작가다. 심사는 히로미 쿠로사와 가나자와 21세기현대미술관 수석큐레이터, 현시원 연세대학교 커뮤니케이션대학원 교수, 김성우 프라이머리프랙티스 큐레이터, 박지선 스와르츠만& 아시아디렉터, 레베카 라마르슈-바델 라파예트앙티시파시옹 디렉터까지 총 5인이 맡았다.

2025 일우미술상 공모에는 총 185명이 지원, 안정주 작가가 수상자로 선정됐다. 1차 포트폴리오 및 작업 제안서 심사, 2차 심사위원 인터뷰까지 엄격한 심사 과정을 거쳤다.

2024년 수상자인 남화연 작가는 2026년에, 2025년 수상자인 안정주 작가는 2027년에 각각 전시를 선보일 예정이다. 작품 제작비 3,000만원, 작품 활동을 위한 3,000만원 상당의 항공권이 수상자에게 지원된다. 제작비는 2년에 걸쳐 지급되고, 항공권은 5년간 사용 가능하다.

글로벌 항공사로서 사회적 책임 다하겠다

대한항공 관계자는 "앞으로도 대한항공은 세계 항공 업계를 선도하는 글로벌 항공사로서의 사회적 책임을 다하고 우리나라 문화·예술 발전을 위해 지속적인 노력을 기울일 계획"이라고 밝혔다.

루브르박물관 한국어 안내 서비스를 알리는 '모나리자' 래핑 항공기

조양호 한진그룹 선대회장은 평소 입버릇처럼 "사람과 물자를
실어 나르는 수송과 문화 교류는 서로 다른 것이 아니다"고 말
했다. 실제 대한항공의 항공기는 대한민국의 다양한 문화와
예술을 해외로 실어 나르는 메신저가 됐고, 반대로 세계 각지
의 문화를 소개하는 창구도 됐다.

BODYFRIEND

몸을 위한 기술
마음을 위한 예술

바디프랜드

"정거장 앞 벤치에 앉아 버스를 기다리던 그날, 공기가 달랐어요. 어디선가 음악이 흘러나오는 거예요. 소리를 따라 고개를 돌리니 근처 매장에서 공연이 한창이었습니다. 무슨 행사냐고 물었더니 누구나 참여할 수 있는 무료 공연이라고 하셨어요. 모처럼 가진 일상의 휴식이었죠."

한 시민의 우연한 이 목격은 사실 바디프랜드가 지난 수년간 꾸준히 실천해 온 가치의 현장이었다. 헬스케어 기업이 왜 음악에, 그것도 장애인 연주자와의 협업에 이토록 진심을 쏟을까? 그 답은 기업이 추구하는 건강 및 이에 대한 해석에 달렸다.

힌국장애인고용공단 고용개발원 조사에 따르면 2024년 하반기, 국내 만 15세 이상 등록 장애인 인구는 257만 4,398명으로 집계됐으며, 이 가운데 경제 활동에 참여하는 장애인의 비율은 35.9%, 고용률은 34.5%, 실업률은 4%에 이른다.

특히 장애인 고용률은 전체 인구 대비 28.8%p 낮으며, 발달 장애인의 경제 활동 참가율은 31%, 고용률은 28.9%로 나타났다. 장애인 취업자 중 74.3%는 임금 근로자며, 실업자 97.5%가 이 유급 근로를 희망하고 있다.

바디프랜드는 이같은 사회 문제에 주목했다. 시작은 소소한 관심에서 비롯됐다. 한 임원이 뉴스에서 장애인 연주자의 인터뷰를 보고, 그들을 초청해 공연을 열자는 제안이 출발점이 된 것이다.

기업이 추구하는 건강과 예술이 추구하는 치유가 만나는 지점에서, 바디프랜드는 새로운 형태의 사회적 가치를 창출하고 있다.

마음
어루만지는
토닥토닥
앙상블

2021년 3월부터 바디프랜드는 한국발달장애인문화예술협회 아트위캔과 손잡고 본격적인 장애인 예술 지원에 나섰다. 한국발달장애인문화예술협회는 발달 장애인에 대한 전문 교육과 이들의 문화·예술 활동을 지원하는 단체로, 이로써 장애 인식 개선을 도모하고 이들에게 전문적 연주 기회도 제공하고 있다.

바디프랜드는 이 단체 소속 연주자를 정식 고용하며, 토닥토닥앙상블이라는 장애인 팝 밴드를 결성했다. 토닥토닥앙상블이라는 이름은 임직원으로부터 직접 아이디어를 공모해 선정했다. 안마의자가 몸을 '토닥토닥' 부드럽게 어루만지듯, 연주단 음악 역시 인간의 아픈 마음을 어루만져 주기를 바라는 뜻을 담고 있다. 이는 단순한 네이밍을 넘어, 바디프랜드가 추구하는 치유와 위로의 철학이 고스란히 녹아는 상징적 의미를 갖는다.

토닥토닥앙상블은 이음콘서트를 통해 정기적으로 사내 공연을 개최하고 있다. 장애인 연주자에게는 안정적인 무대 경험을, 임직원에게는 문화·예술의 향유 기회를 제공하는 지속 가능한 프로그램이다.

더 나아가 바디프랜드는 라운지작은음악회를 기획해 2024년까지 서울 공덕라운지와 은평라운지에서 소규모 공연을 개최했다. 이 공연의 특별함은 매장이 인근 주민에게도 개방된 공간이라는 점이다. 회사의 사적 공간을 지역 사회와 공유함으로써 문화·예술이 가진 소통과 연결의 힘을 실천하고 있다.

바디프랜드 관계자는 "연주자분들께서 단 한 곡이라도 수개월에 걸쳐 노력을 기울이신다"며 "그만큼 수준급 연주를 보여 준다는 평을 듣는다"고 밝혔다. 장애인 예술가의 전문성에 대한 인정이자, 진정한 예술적 가치를 추구하는 바디프랜드의 진실성을 보여 주는 대목이다.

밴드 토닥토닥앙상블이 2021년 사내 첫 공연을 마친 모습 / 사진=아트위캔

바디프랜드는 한때 아트컬래버레이션도 적극적으로 병행했다. 먼저 본사에는 김남표·김영주·김우진·소현우·이동욱·함도하 등 작가 15명의 작품 50여 점이 상시 전시되고 있어, 직장이 곧 갤러리가 되는 독특한 문화 공간을 조성했다.

헬로아트 프로젝트는 '우리 동네 미술관'을 콘셉트로 일부 라운지를 아트 갤러리로 탈바꿈시켰다. 전문 작가의 아트 클래스를 제공하는 등 시민과의 접점을 넓혔다. 예술을 보는 것에서 참여하는 것으로 확장한 능동적 문화 향유 프로그램이라고 할 수 있다.

바디프랜드 아트랩이 주도한 '천년의 약속'전(2020)은 한국 전통 문화의 가치를 재조명한 특별한 시도였다. 한국고미술협회 종로지회가 자문과 작품 후원을 담당한 이 전시는 기업과 한국고미술협회가 협업한 최초의 사례로 주목받았다. 고려청자상감연화학문매병과 백자달항아리를 비롯, 궁중주칠삼층책장, 조선철에 이르기까지 우리나라 대표 고미술을 선보이며 박물관 못지않은 수준급 전시가 완성됐다.

더욱 화제를 모은 것은 '그레이트 코리아: 선구자'전(2021)에서 백남준 작가의 미공개작 '비디오 월드 21'(2000)을 세계 최초로 공개한 일이다. 작품은 시대를 앞서간 천재 예술인의 선구안이 담겼다는 평가와, 아울러 빠르게 변화하는 시대 속 예술의 사회적 역할을 알렸다. 바디프랜드 큐레이터는 "백남준 작가는 미술과 과학의 벽을 무너뜨리고, 창의성을 기반으로 한 혁신적 실험을 시도한 아티스트"라며 "바디프랜드 또한 그의 도전 정신을 이어받아 새로운 길을 개척하고 있다"고 설명했다.

세계서 가장 큰 철재 조각품으로 기네스북에 등재된 '포춘베어'. 2022년 6월, 이 작의 시리즈 작인 '스탠다드 애니멀'이 '헬로 아트 위드 장세일 & 김경원' 전의 일환으로 바디프랜드 남양주라운지 입구에 설치됐다. / 사진=장세일 작가

몸을
위한 기술
마음을
위한 예술

'헬스케어 기업'이라는 바디프랜드의 정체성은 메세나에서도 일관되게 드러난다. 회사는 신체의 건강뿐만 아니고 정신적, 문화적 건강까지 아우르는 통합적 웰빙의 관점에서 문화·예술을 바라보고 있다.

무엇보다 장애인 연주자와의 협업이 '포용적 건강'이라는 새로운 가치를 제시한다. 건강은 특정 조건을 만족하는 사람만의 특권이 아니다. 모든 사람이 각자의 조건 속에서 최대한의 잠재력을 발현할 수 있도록 돕는 것이다. 토닥토닥앙상블의 음악이 '아픈 마음을 어루만진다'는 것도 바로 이런 맥락에서 이해될 수 있다.

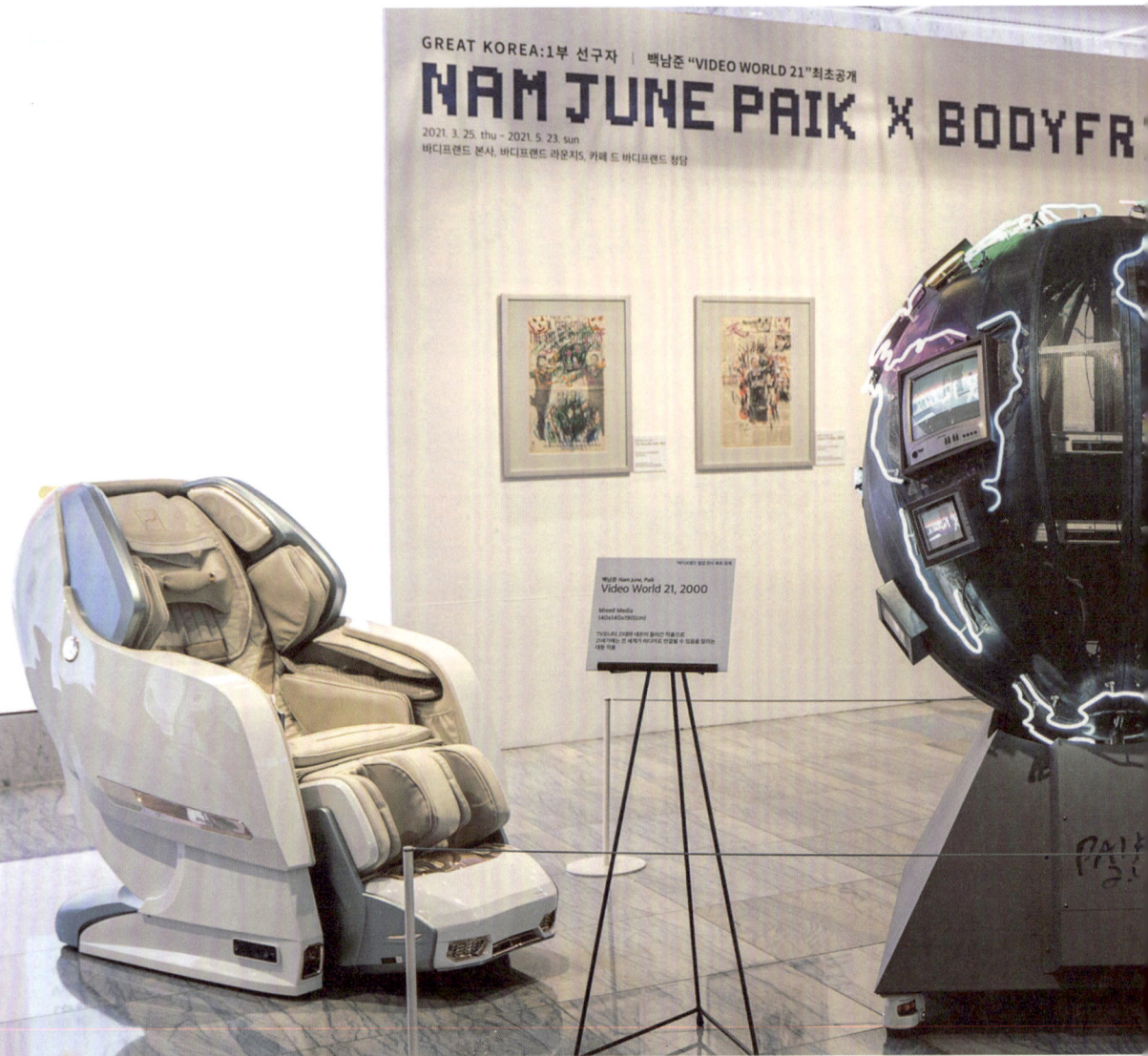

바디프랜드 관계자는 "문화와 예술 활동이 심신을 재충전해 줄 뿐 아니라 창의적 아이디어와 영감을 얻는 데도 도움이 된다고 믿는다"며 "앞으로도 사회 구성원과 임직원이 건강하고 활기찬 문화·예술 활동을 누릴 수 있도록 여러 메세나 프로그램을 기획하고 실행하겠다"고 전했다.

2021년 4월, 서울 강남구 바디프랜드 도곡타워 본사에 '그레이트 코리아: 선구자'전이 열렸다. 로비에 백남준 미공개작 '비디오 월드 21'(오른쪽)과 바디프랜드 안마의자가 나란히 전시됐다. / 사진=BHAK

마르지 않는 샘물
마르지 않는 예술

샘표식품

간장에 제일 중요한 것이 물이고, 그 근원이 '샘'이라는 점에 착안했다. 마르지 않는 샘물처럼 깨끗하고 좋은 제품을 꾸준히 만들겠다는 의지, 그것이 국내 가장 오래된 상표 샘표(1954년 등록번호 362호)의 시작이었다.

대한민국 식문화를 선도하는 샘표식품은 '구성원 행복'과 '지역 사회 기여' 그리고 '문화 다양성'을 핵심 가치로 삼고 있다. 다양한 문화·예술 프로그램을 바탕으로 임직원과 지역 사회가 더 흐뭇하고 풍부한 삶을 살 수 있도록 지속적으로 노력해 왔다.

이러한 기치 아래 2023년 샘표식품은 문화체육관광부 주최 문화·예술 후원 우수 기관 인증 제도에서 우수 기관으로 재인증받았으며, 이는 2020년에 이어 두 번째 인증이다. 다채로운 프로젝트와 캠페인으로 후원 사업의 다양성, 지속성 등을 다시 한번 인정받은 결과다.

2013년 제14회 한국 메세나대상 창의상, 4년 후 제19회 대한민국 디자인대상 디자인 경영 부문 국무총리 표창도 받았다.

간장 공장
화폭이 되다

국내 최대 간장 시설인 경기도 이천공장. 샘표 아트팩토리프로젝트를 통해 외벽 전체가 현대 미술 작품으로 탈바꿈됐다. 보통 건물 부식을 막기 위해 3년에 한 번씩 외벽을 회색으로 칠했지만, 2011년 창립 65주년을 맞아 공장 벽을 캔버스로 제공한 대형 공공 미술이었다.

이 이색 프로젝트는 직원들에게 꿈과 희망을 주고 싶다는 박진선 샘표식품 대표의 '행복한 일터 만들기' 신념의 일환으로 처음 시작됐다. 하루 중 가장 많은 시간을 보내는 곳이 공장이며 직장에서의 즐거움이 진정 가정생활의 행복으로 이어진다고 믿고 2010년 8월 이를 행동으로 옮긴 것이다.

그 후 1년에 걸친 기획과 작업 끝에 공장 건물 4개 동 1만 7,000㎡(약 5,100평)가 회색에서 상아색으로 배경이 바뀌었고, 벽면에는 신진 작가 그룹 동방의요괴들이 파스텔 색조로 그린 동화풍 그림 및 기하학적 디자인 등이 포함됐다. 당시 샘표식품 관계자는 샘표의 중심인 생산 공장이 작품처럼 아름답고 예술처럼 감동을 줄 수 있다면 이곳에서 만들어지는 제품 역시 더 맛있고 예술적일 것이라고 판단했다며 아트팩토리의 의의를 설명했다. '세계에서 가장 아름다운 간장 공장'으로 손꼽히는 이곳은 결로와 부식 등을 막고자 지금도 3~5년 주기로 색을 보수해 운영 중이며, 추후 다른 작품으로의 교체도 고려 중이라고 관계자는 밝혔다.

2011년 8월, 이천공장에서 샘표식품 창립 65주년을 맞이해 '샘표 디팩토리'전 개막식이 개최됐다. 박진선 샘표식품 대표는 인사말에서 "직원들은 회색으로 대표되는 공장 건물에서 마음이 경직될 수밖에 없다"며 "거대 공공 미술 작품으로 재탄생한 간장 공장이 이들에게 꿈과 희망을 주기를 바란다"고 밝혔다.

전시가 있는 공장의 하루

또한 샘표식품은 행복한 사람이 건강하고 좋은 제품을 만든다는 믿음 하에 공장 안에 샘표스페이스라는 전시 공간도 22년째 운영하고 있다. 2004년 4월 개관. 아트팩토리프로젝트보다 7년 더 빨랐다.

연 7회 이상 다양한 주제와 기법, 새로운 스토리 등의 전시를 선보이고 있는 샘표스페이스는 신진 작가 지원은 물론, 지역 주민이 일상적으로 예술을 접할 수 있도록 해 '공장 안의 오아시스'라는 호응을 얻는다. 임직원에게는 '가장 가까운 예술 공간', 고객에게는 '이색적 문화 공간', 작가에게는 '작품 세계를 펼칠 수 있는 대안 공간'이라는 것이 사측이 요약이다. 전시 개관일에는 '작가와의 만남' 순서를 열고 작품의 배경과 의도, 작가의 철학 등을 공유하는 시간도 갖는다.

개관 행사에서 박진선 대표는 "샘표식품의 전통이나 역사는 침체돼 있는 것이 아니라 옛것과 새것이 서로 만나 끊임없이 변화를 추구하는 것이며 샘표스페이스의 운영으로 이런 소통의 정신을 기대하고 있다"고 전했다. 이제는 직원들이 작가에게 따로 조언을 건넬 정도로 식견이 높아졌다는 반가운 반향도 들려온다. 현대 미술을 낯설게만 생각했지만 전시가 거듭되면서 점차 경향이 바뀌었다는 것이다.

샘표식품 관계자는 "처음에 예술은 어렵다며 거리감을 두던 직원분들도 샘표스페이스에서 20년간 작품을 감상하고 경험하고 나니 그 태도가 달라지셨다"며 "작품 구매 여부를 조심스럽게 물어보시기도 한다"고 귀띔했다.

이천공장 직원들이 샘표스페이스에서 전시를 관람하고 있다.

창립 초기부터 사용된 제국틀

제국틀로 제작된 김기철 작 '퍼먼트'(2012)

창동공장 굴뚝은 1987년 이천공장이 세워지면서 박승복 명예회장의 지시에 따라 몸통이 3등분 돼 25년 동안 보관돼 왔다. 장윤규 건축가는 '기억을 기록하는 화분'(2012)에 관해 "처음에는 굴뚝을 눕혀서 관람자가 그 안에 들어가고 만질 수 있도록 작은 미술관을 만들려 했다. 공간을 직접 경험하게 하고 싶었다"면서 "하지만 오래된 굴뚝의 구조적 결합 때문에 눕히면 부서질 위험이 있더라. 그래서 화분이라는 개념을 떠올렸다"고 설명했다.

2013년 충청북도 오송생명과학단지 내 샘표 우리발효연구중심 개관 때는 '연구원이야말로 가장 창의적이어야 한다'는 경영진 철학을 토대로 연구개발(R&D)센터 전체를 갤러리로 만드는 샘표갤러리프로젝트가 시도됐다. 총 14명의 작가가 참여해 미술과 실용성을 동시에 추구하며 연구소 주요 공간을 작품화했다.

　　▲3층 회의실은 동양화, 서양화, 설치 미술, 일러스트레이션 등 여러 공감각적 이미지를 담아 룸 갤러리로 변모했고 ▲2, 3층 전문 실험실과 스마트 사무실 사이 각 55m, 총합 220m가 넘는 긴 복도는 길 갤러리로 바뀌어 캔버스가 됐다. ▲마지막으로 창립 때부터 사용하던 제국틀은 먼지를 벗고 바람, 물 등 자연의 소리를 담은 로비 작품으로 단장했으며, 창동에서 이천으로 이전된 공장 굴뚝은 '기억을 기록하는 화분'(2012)인 외부 조형물로 다시 태어났다.

우리발효연구중심 2층 복도에 설치된 이에스더 작 'S.E.M.P.I.O'(2012). 다양한 '맛'의 세계를 컬러풀한 색채로 담은 팝 아트 작품이다. 또한 샘표의 알파벳 'SEMPIO'를 샘표 로고인 육각의 형태를 기준으로 재해석해, 조형물이자 동시에 의자로 이용할 수 있도록 제작했다. 이 작가는 "작가를 100%로 신뢰하는 샘표의 배려로 작품이 잘 완성될 수 있었다"고 밝혔다.

이 모든 것은 샘표식품의 과거 역사를 기념하고, 우리발효연구중심이 앞으로 한국 식문화 발전을 위해 이룩할 새로운 역사를 축하하는 샘표만의 독창적인 미술 작품이다.

관계자는 승효상 건축가의 저서 '오래된 것들은 다 아름답다'를 예로 들며 "공간의 조직이란 우리가 사는 방법을 의미한다는 문장이 책에 나온다"며 "공간의 변화는 사람의 동선과 생활 패턴, 삶의 방향까지도 바꿀 힘이 있다. 연구원이 생활하게 되는 곳, 그중에서도 늘 오가는 복도, 회의실 등에서 새로운 것을 받아들이고 생각하는 분위기를 조성하고 싶었다"고 했다.

연구소 3층에는 김혜나 작 '구름길'(2012)이 복도에 있다. 김 작가는 "작품을 제작하기 위해 2주 동안 오송에 상주했다. 연구소까지 매일 6.2km나 되는 거리를 걸었다"며 "혼자 걸으면서 많은 생각을 했다. 점차 하늘과 땅의 풍경이 눈에 들어오기 시작했다. '구름길'이라는 제목처럼 연구소 일대에서 만난 하늘의 이미지가 영감의 원천이었다"고 밝혔다.

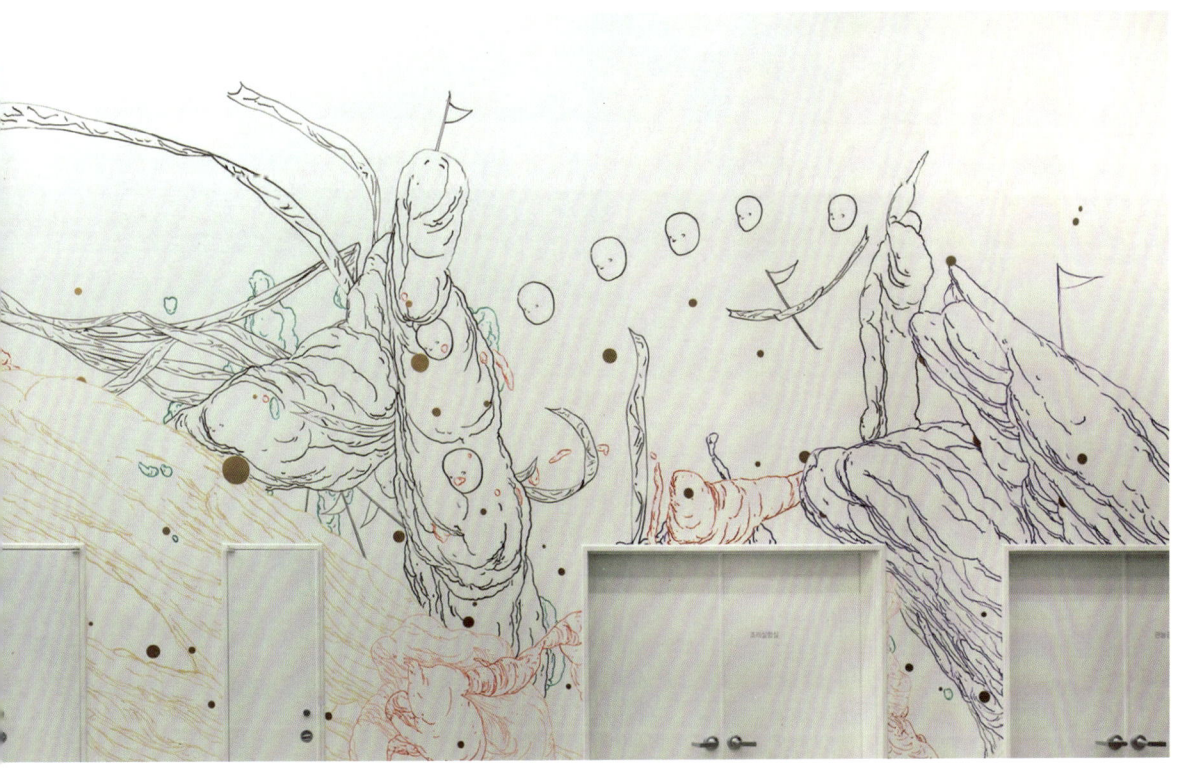

맛있는 집밥을 그리다

샘표식품의 맛있는추억을그리다 캠페인은 매년 수만 명의 어린이가 가족과 함께한 맛있는 추억을 그림으로 표현한 프로그램. 집밥의 소중한 가치를 되새기게 했다.

2013년부터 10년 동안 30만점이 넘는 작품이 접수됐으며, 대상(大賞) 작품은 1회부터 10회까지 샘표 양조간장 501의 라벨 디자인에 반영돼 '맛있는 추억' 간장 한정판으로 출시되기도 했다. 관계자는 "전국 어디서나 라벨을 접할 수 있었기 때문에 매우 특별한 부상(副賞)이었다"며 "샘표는 대상작뿐만 아니고 참여한 모든 아이의 그림을 간장 라벨로 만드는 이벤트를 도입하기도 했다"고 전했다.

2015년에는 '한일 음식 문화-나눔과 환대'전에 어린이 그림 109점이 전시돼 양국 식문화의 현주소를 살펴보는 의미 있는 기회를 마련했다. 일본 국립민족학박물관 아사쿠라 도시오 교수는 "양국 어린이가 생각하는 맛있는 음식과 각 가정의 식탁의 모습을 재현한 전시"라고 설명했다.

후원이
아닌
공존의
연습

대학에서 철학을 강의한 학자 출신인 박진선 대표는 마르지 않는 샘인 샘표식품 메세나의 중심에 서 있는 인물이다. 클래식 음악과 국악의 애호가로, 예술에 기업 경영을 접목하는 데 열정적이다.

　　박진선 대표의 지도하에 샘표식품은 한국의 우수한 식문화를 연구하고 그 가치를 높이는 일에 매진하며, 문화 다양성을 고조하는 후원 또한 지속할 전망이다. 이윤아 샘표식품 홍보팀장은 "정형화된 디자인에서 탈피해 신진 작가의 창의성을 흡수하길 희망한 우리발효연구중심의 경우 결과적으로 이는 연두와 같이 혁신적인 제품을 개발하는 것에 큰 영향을 끼쳤다"며 "연구원들은 이같은 예술적으로 차별화된 환경에서 창조적 연구 정신을 발휘하고 있다"고 말했다. 그러면서 "샘표의 문화·예술 활동은 지역 사회와 임직원이 여러 문화·예술을 접하면서 더 행복한 사회를 만들기 위한 노력"이라고 강조했다.

'샘표 2019 맛있는 추억을 그리다'전이 키자니아 부산점에서 열렸다.

예술에 손을 내민 기업들, 그 찬란한 동행의 기록

기업은 '이윤을 추구하는 조직'이라고 한다. 성과를 내고, 경쟁하고, 효율을 따지는 것이 기업의 존재 이유라는 것이다. 하지만 그런 말로는 다 설명할 수 없는 기업의 또 다른 얼굴이 있다. 이윤을 넘어선 가치, 경쟁을 넘어선 공감, 효율을 넘어선 책임. 그것을 '메세나'라고 부른다. 메세나는 단순한 후원의 개념이 아니다. 로마 시대 귀족 마이케나스가 시인을 후원했던 것처럼, 오늘날 기업들도 예술과 함께 사회에 가치를 더하고, 그 과정에서 스스로도 성찰하고 성장한다.

기업이 예술에 손을 내민다는 건, 사회의 미래를 더 멀리 내다보겠다는 의지의 표현이기도 하다. 이 책에 담긴 이야기들은 그런 의지를 조용히, 그러나 꾸준히 실천해 온 기록이다. 건설사부터 제조업체, 유통 기업에 이르기까지 각기 다른 목표를 향해 뛰고 있는 주체들이 각자의 방식으로 예술과 만났다. 그 만남이 만들어 낸 감동과 변화는 단지 외형적인 결과가 아니라, 사람에 대한 관심과 문화에 대한 책임이 뿌리 내린 과정이었다.

특히 인상 깊었던 것은 이들 기업의 메세나가 보여 주기 식이 아니라는 점이었다. 장애 예술인을 위한 전시를 해마다 이어 가고, 지역의 유휴 공간을 문화·예술 플랫폼으로 재탄생시키며, 청소년들에게 클래식 음악을 들려주고, 무명작가들의 창작 활동을 조용히 후원하는 모습에는 '진정성'과 '지속성'이 깊이 스며 있었다.

문화·예술은 시장의 논리로만 설명되지 않는 영역이다. 그럼에도 불구하고, 이 책에 등장하는 기업들은 불확실하고 보이지 않는 가치를 선택했고, 그 선택은 단순한 사회 공헌이 아닌, 기업의 철학이자 미래를 향한 질문으로 이어졌다. 기업과 예술의 만남에는 늘 긴장감이 있다. 예술은 자유롭고 유연한 반면, 기업은 구조화되고 목표 지향적이기 때문이다. 하지만 이 책이 담고 있는 사례들은 그 두 세계가 얼마나 아름답게 어우러질 수 있는지를 보여 준다.

예술은 기업에 인간적인 숨결을 불어넣고, 기업은 예술에 지속 가능한 토대를 마련해 준다. 그런 동반자적 관계는 서로를 더 깊고 단단하게 만든다. 이 책은 그 동행의 과정을 사람의 온도와 현장의 언어로 담은 기록이다. 예술을 사랑하는 이들에게도, 기업의 사회적 책임과 가치를 고민하는 이들에게도 작지만 분명한 울림이 되었으면 한다.

우리는 이 책을 통해 또 하나의 가능성을 확인했다. 자본과 예술, 실용과 아름다움, 현실과 이상이 대립하는 것이 아니라 서로를 완성해 가는 관계가 될 수 있다는 것을. 29개 기업의 이야기는 각각 다른 색깔을 가지고 있지만, 모두 '사람'을 향한 따뜻한 시선을 공유하고 있었다. 이제 이 책이 독자들의 손에 닿을 차례다. 누군가는 이 책을 읽고 기업의 새로운 역할을 발견할 것이고, 누군가는 예술의 사회적 의미를 되새길 것이다. 또 다른 누군가는 자신만의 메세나를 시작할 용기를 얻을지도 모른다.

마지막으로, "김 기자, 기업들의 문화·예술 지원 활동을 시리즈로 다뤄보면 어떨까?"라는 제안을 흔쾌히 받아들여 '기쁘게' 취재하고 기사를 쓴 김영재 기자, 올해로 창간 20년을 맞는 파이낸셜투데이 한병인 대표, '사명감'으로 뛰어들어 멋진 책을 내준 흔들의자 안호헌 대표가 있었기에 이 책이 빛을 보게 됐다. 모두에게 감사드리며, 이는 단순한 결실이 아니라 새로운 시작이 되기를 바라는 마음이다. 한국 사회에서 메세나가 더욱 풍성해지고, 기업과 예술가, 그리고 시민들이 함께 만들어 가는 문화적 가치가 더욱 빛나는 내일을 기대한다.

예술에 손을 내민 기업들의 이야기는 여기서 끝나지 않는다. 이 책이 새로운 이야기들의 시작점이 되기를 희망한다.

임광기

메세나 코리아 29선

기업과 문화 예술 상생의 기록

초판 1쇄 발행 ǀ 2025년 9월 26일

지은이	김영재 임광기
펴낸이	안호헌
디자인	윌리스
기획처	파이낸셜투데이
펴낸곳	도서출판 흔들의자
	출판등록 2011. 10. 14(제311-2011-52호)
	주소 서울특별시 서초구 동산로14길 46-14. 202호
	전화 (02)387-2175
	팩스 (02)387-2176
	이메일 rcpbooks@daum.net(원고 투고)
	블로그 http://blog.naver.com/rcpbooks

ISBN 979-11-86787-67-0 (03070)
ⓒ 김영재 임광기